metodologias ativas no ensino superior

M593　Metodologias ativas no ensino superior : o protagonismo do aluno / Organizador, Blasius Debald. – Porto Alegre : Penso, 2020.
x, 110 p. il. ; 23 cm.

ISBN 978-65-81334-01-7

1. Práticas pedagógicas. 2. Metodologias ativas. 3. Ensino superior. I. Debald, Blasius.

CDU 37.022

Catalogação na publicação: Karin Lorien Menoncin – CRB 10/2147

BLASIUS DEBALD
(ORG.)

metodologias ativas no ensino superior

o protagonismo do aluno

Porto Alegre
2020

© Grupo A Educação S. A., 2020

Gerente editorial
Letícia Bispo de Lima

Colaboraram nesta edição

Editora
Paola Araújo de Oliveira

Capa
Paola Manica | Brand & Book

Preparação de originais
Carla Rosa Araujo Cunha

Leitura final
Marquieli de Oliveira

Editoração
Ledur Serviços Editoriais Ltda.

Reservados todos os direitos de publicação ao GRUPO A EDUCAÇÃO S.A.
(Penso é um selo editorial do GRUPO A EDUCAÇÃO S.A.)
Av. Jerônimo de Ornelas, 670 – Santana
90040-340 – Porto Alegre – RS
Fone: (51) 3027-7000 Fax: (51) 3027-7070

SÃO PAULO
Rua Doutor Cesário Mota Jr., 63 – Vila Buarque
01221-020 – São Paulo – SP
Fone: (11) 3221-9033

SAC 0800 703-3444 – www.grupoa.com.br

É proibida a duplicação ou reprodução deste volume, no todo ou em parte, sob quaisquer formas ou por quaisquer meios (eletrônico, mecânico, gravação, fotocópia, distribuição na Web e outros), sem permissão expressa da Editora.

IMPRESSO NO BRASIL
PRINTED IN BRAZIL

Autores

Blasius Debald
Professor universitário. Pró-reitor acadêmico da UniAmérica. Especialista em Gestão e Metodologias Ativas de Aprendizagem pela UniAmérica. Mestre em Desenvolvimento Regional: Área Sociocultural pela Universidade de Santa Cruz do Sul (Unisc). Doutor em Educação pela Universidade do Vale do Rio dos Sinos (Unisinos).

Fátima Bergonsi
Professora e diretora do Instituto de Educação Talentto's. Especialista em Gestão da Aprendizagem pela UniAmérica e em Tecnologias da Educação pela Pontifícia Universidade Católica do Rio Grande do Sul (PUCRS). Mestra em Educação pela Universidade Internacional Três Fronteiras (UITF), Paraguai.

Fausto Camargo
Administrador. Coordenador e professor do curso de Administração da UniAmérica. Especialista em Gerenciamento de Micro e Pequenas Empresas pela Universidade Federal de Lavras (UFLA) e em Gestão da Aprendizagem pela UniAmérica. Mestre em Ciências Sociais pela Unisinos.

Fernando Guilherme Priess
Professor de Educação Física. Técnico de atividades de recreação do Serviço Social do Comércio (Sesc) de Foz do Iguaçu. Especialista em Treinamento Esportivo pela Universidade Estadual do Oeste do Paraná (Unioeste), em Docência no Ensino Superior pela Faculdade de Ensino Superior de São Miguel do Iguaçu e em Metodologias Ativas pela UniAmérica. Mestre em Educação Física: Qualidade de Vida e Saúde pela Universidade Federal do Paraná (UFPR).

Hugo Espínola
Educador em Direitos Humanos. Formação em Direitos Humanos e Mediação de Conflitos pela Secretaria Especial dos Direitos Humanos da Presidência da República. Facilitador em Justiça Restaurativa e Círculos de Paz pela Escola da Magistratura do Estado do Paraná. Membro colaborador do Centro de Investigação em Justiça e Governação da Escola de Direito da Universidade do Minho, Portugal. Especialista em Direito Penal e Criminologia pela Universidade Potiguar (UnP),

em Ciências Jurídicas pela UnP e em Ciências das Religiões pela Universidade Federal da Paraíba (UFPB). Mestre em Ciências das Religiões pela UFPB. Doutor em Ciências Jurídicas Públicas pela Universidade do Minho, Portugal.

Lissia Pinheiro Shataloff
Psicóloga. Coordenadora e professora do curso de Psicologia da UniAmérica. MBA em Gestão da Aprendizagem pela UniAmérica. Mestra em Psicologia Social pelo Instituto Superior de Ciência do Trabalho e da Empesa (ISCTE), Portugal.

Maria José Clapis
Enfermeira e professora. Mestra e Doutora em Enfermagem pela USP.

Maurícia Cristina de Lima
Fisioterapeuta. Coordenadora e professora do curso de Fisioterapia da UniAmérica. Especialista em Fisioterapia Cardiorrespiratória pela Associação Brasileira de Fisioterapia Cardiorrespiratória e Fisioterapia em Terapia Intensiva (Assobrafir). Mestra em Reabilitação e Inclusão pelo Centro Universitário Metodista (IPA). Doutora em Saúde Pública pela Universidade de São Paulo (USP).

Priscilla Higashi
Enfermeira. Coordenadora do curso de Enfermagem da UniAmérica. Especialista em Enfermagem em Unidade de Terapia Intensiva pela Pontifícia Universidade Católica de Campinas (PUC-Campinas). Mestra em Enfermagem pela Universidade Estadual Paulista (Unesp). Doutora em Ciências pela USP.

Rui Fava
Administrador. Especialista em Gestão Financeira pelo FAE Centro Universitário de Curitiba. Doutor em Ciências da Educação pela Universidad Católica de Santa Fé (UCSF), Argentina.

Rutinéia de Fátima Micheletto
Farmacêutica. Mestra e Doutora em Ciências pela USP.

Sandra Oliveira
Professora do MBA em Educação Híbrida da UniAmérica, da Especialização em Atendimento Educacional Especializado da Universidade Estadual do Rio Grande do Sul (UERGS), da Especialização em Inclusão da Unisinos e de Técnica em Educação da Fundação Liberato. Especialista em Gestão pela Unisinos. Mestra em Educação pela Universidade Luterana do Brasil (Ulbra). Doutora em Educação pela Unisinos.

Silviane Galvan Pereira
Enfermeira. Professora do curso de Enfermagem da UniAmérica. Especialista em Atenção Básica pela Unioeste. Mestra em Envelhecimento Humano pela Universidade de Passo Fundo (UPF). Doutora em Ciência pela USP.

Prefácio

O ensino superior brasileiro, influenciado pela pedagogia tradicional, por muito tempo resistiu aos ventos da mudança, pois defendia que os pilares do conhecimento eram construídos a partir da retórica da reprodução e da memorização, enaltecendo processos educativos que avaliavam quantidade em detrimento da aprendizagem. No entanto, a segunda década do século XXI trouxe novos desafios para o campo do ensino superior, acompanhados por inovações tecnológicas, metodológicas e fazer docente, que requerem aprofundamento, vivências práticas e personalização. Agora, a inovação tem sido a tônica dos textos, pesquisas e eventos educacionais. Há interesse em inovar, mas a pergunta que muitas instituições de ensino se fazem é: como?

Metodologias ativas no ensino superior: o protagonismo do aluno propõe uma análise do cenário de transformações vivenciadas no ensino superior, a partir de experiências concretas de inovações curriculares, estruturais e metodológicas. Analisou-se a experiência do Centro Universitário União das Américas (UniAmérica), de Foz do Iguaçu, Paraná, que, desde meados de 2013, iniciou um processo de mudanças no sistema de ensino, criando um novo formato de concepção educacional.

Partilhar a experiência sob diferentes olhares é o desafio desta obra, organizada para que os docentes interessados em promover transformações em suas práticas educacionais tenham suporte e saibam que há um grupo de profissionais que, diariamente, é desafiado a fazer diferente. Sua trajetória é contemplada neste livro, com reflexões e práticas somadas às experiências acumuladas nesse período.

Rompeu-se com a organização educacional que vigorava no País há mais de 500 anos – transmissiva e reprodutivista – para se construir um modelo alternativo. Os docentes tiveram formação para compreender os processos e se apropriar do conjunto de mudanças, e os estudantes, aos poucos, migraram para o novo modelo, no qual são mais autônomos, protagonistas e participativos.

Os docentes, como mediadores, problematizam e contextualizam as temáticas em estudo, aprofundando-as a partir de atividades práticas que envolvem a resolução de problemas da sociedade. Assim, o estudante vê a aplicabilidade dos saberes e atribui significado à aprendizagem qualificando sua formação e vivenciando, na prática, a profissão que escolheu.

Advirto os leitores que não encontrarão receitas nem soluções mágicas para resolver problemas educacionais, mas sim a proposição de discussões que auxiliarão na compreensão de como proceder em contextos de mudança e relatos de experiências vivenciadas pelo grupo de docentes da UniAmérica.

Blasius Debald
Organizador

Sumário

Capítulo 1 1
   Ensino superior e aprendizagem ativa: da reprodução à construção de conhecimentos
   Blasius Debald

Capítulo 2 9
   Modos de ser estudante e as pedagogias ativas: autonomia e aprendizagem na experiência do indivíduo livre
   Sandra Oliveira

Capítulo 3 21
   Estudo prévio: sala de aula invertida
   Priscilla Higashi e Silviane Galvan Pereira

Capítulo 4 29
   Recursos didáticos e aprendizagem estudantil no ensino superior
   Fátima Bergonsi

Capítulo 5 39
   Estudantes aprendem fazendo com significado
   Maurícia Cristina de Lima e Maria José Clapis

Capítulo 6 48
   A mediação docente e o protagonismo estudantil
   Rutinéia de Fátima Micheletto

Capítulo 7 56
Encantando o estudante para aprender
Fernando Guilherme Priess

Capítulo 8 66
Plano de aprendizagem: inovação
no planejamento docente
Blasius Debald

Capítulo 9 76
Desenvolvimento de competências por meio de
estratégias pedagógicas de aprendizagem ativa
Fausto Camargo

Capítulo 10 87
Planejamento integrado no curso de psicologia
Lissia Pinheiro Shataloff

Capítulo 11 95
O retorno da Paideia grega em forma de Paideia digital
Rui Fava

Capítulo 12 104
Desenvolvimento de competências pessoais e
profissionais em vivências de sociocracia
Hugo Espínola

1

Ensino superior e aprendizagem ativa: da reprodução à construção de conhecimentos

Blasius Debald

> *Se o papel do professor é dar aulas,*
> *enquanto ele dá a sua aula, o aluno faz o quê?*
> Paulo Caruso Ronca

A educação brasileira raramente vivenciou processos de inovação, uma vez que os modelos vivenciados na prática no território nacional tinham como base experiências de países europeus desenvolvidos economicamente. As tentativas eram muito mais de cunho teórico do que prático, demonstrando o claro desinteresse do Estado e das instituições na promoção e na defesa de processos educativos inovadores. É consenso nos estudos relativos à educação brasileira que há descaso e falta de prioridade quando se trata de educação, bastando olhar para as várias tentativas de organização ocorridas no País, desde o período colonial até o fim do século XX.

Os pilares da educação básica e superior brasileira assentaram-se na transmissão e na reprodução de conhecimentos historicamente construídos e repassados de geração em geração, durante várias décadas. Desde o empreendimento jesuítico, no período colonial, perpassando pelo método Lancaster do I Império e pelas diversas tentativas reformistas de educação que se sucederam, o Brasil continuou órfão de processos educativos que fizessem a diferença em terras brasileiras.

A passagem da Monarquia à República trouxe um novo alento ao campo educacional, embora o foco tenha sido muito mais para construir uma nação republicana do que um projeto de educação. Nas primeiras décadas do século XX, assistimos à intervenção estatal na escola, transformando-a em espaço de defesa dos princípios republicanos, assumindo o discurso de educação laica, pública e gratuita. Em seguida, assistimos à educação estatal, influência do regime militar, enaltecendo uma falsa moralidade e um verniz democrático.

A redemocratização do País, ocorrida em meados da década de 80 do século XX, acompanhou o processo de reestruturação da educação básica brasileira, marcado, especificamente, pela nova Lei de Diretrizes e Bases (LDB) (BRASIL, 1996) e pelos Parâmetros Curriculares Nacionais (PCN) (BRASIL, 1998). No nível superior, a vigência das novas diretrizes curriculares para os cursos de graduação, principalmente a partir do novo milênio, apontava para o quanto a educação ensaiava mudanças.

A primeira década do século XXI foi marcada pela ampliação das vagas e pelo crescimento de instituições de ensino superior privadas. As iniciativas auxiliaram para o ingresso de mais indivíduos na universidade, embora a permanência e a conclusão do curso superior contemplem pouco mais da metade dos estudantes matriculados.

A desistência, a evasão e o abandono do curso superior são motivados por inúmeras razões, entre as quais a que mais contribui é a metodologia adotada para a efetivação dos processos educativos. Sob forte influência de tendências tradicionais e com a utilização da transmissão como forma de ensino, o estudante, sendo passivo, não se sente motivado para encarar quatro ou cinco anos de estudos. Acrescenta-se, ainda, a ênfase teórica dos cursos de graduação nos primeiros anos, relegando para os anos finais as questões de ordem prática.

No entendimento de Braga (2016), introduzir mudanças no ensino superior mediante processos inovadores é contribuir para melhorar a aprendizagem dos estudantes. Segundo o autor:

> [...] o modelo de ensino, baseado em transmissão e retransmissão de informações, com o objetivo de "construir" conhecimento pelo acúmulo destas informações, para formar um corpo de conhecimentos teóricos e, posteriormente, dar aplicabilidade, quando do momento do estágio e do exercício da profissão, está em total desacordo com a dinâmica da estrutura contemporânea das profissões e da vida na sociedade atual. (BRAGA, 2016, p. 2).

Experiências no ensino superior que valorizem metodologias inovadoras de aprendizagem começam a ter espaço, pois há o entendimento de que mudanças são necessárias para aperfeiçoar o índice de permanência dos estudantes nos cursos de graduação, bem como para melhorar a qualidade da aprendizagem.

No texto intitulado *A docência no ensino superior numa perspectiva construtivista*, escrito em 2003, fiz uma afirmação quanto aos desafios do ensino superior, particularmente em relação à docência. Na época, afirmava que:

O maior desafio do docente no ensino superior é fazer com que o acadêmico tenha uma participação efetiva nas discussões de sala de aula. Em muitos casos, percebe-se que a dificuldade não está no conteúdo, mas no aspecto metodológico, ou seja, o docente tem domínio sobre a temática, mas não consegue encontrar uma forma adequada de abordá-la que possibilite a aprendizagem. (DEBALD, 2003, p. 2).

É em tal contexto que analiso as transformações que estão acontecendo na UniAmérica, da cidade de Foz do Iguaçu, no estado do Paraná, que inovou ao mexer na organização e no fazer ensino superior, tanto no campo curricular quanto no organizacional e estrutural. Os atuais espaços de estudo lembram de longe o ambiente universitário, normalmente caracterizado por cores mais neutras, reforçando que o estudo é algo espinhoso, árduo e de sofrimento, com ausência de prazer e alegria. No entanto, o que se encontra ao entrar no prédio da instituição é um ambiente acolhedor e colorido, com uma sala de aula disposta de forma mais dinâmica e interativa.

O observador desavisado dirá que são alterações na disposição de mesas e cadeiras, possíveis de ocorrer em outras instituições, sem, contudo, ter relação com mudanças profundas e que promovam reflexos na aprendizagem. Para os pesquisadores franceses Bédard e Béchard (2009, p. 68, tradução nossa), é possível distinguir três espécies de inovações:

> I – **Inovação tecnológica**, correspondente à introdução de técnicas que produzem efeitos sobre o ensino. Os conteúdos são chamados a se adaptar às mudanças tecnológicas; II – **Inovação curricular**, facilitando a organização de percursos estudantis diferentes, na gestão seja do tempo, seja do espaço e do conteúdo. Trata-se de um sistema vinculado ao institucional e ao organizacional; III – **Inovação pedagógica**, mais orientada para o campo das práticas dos docentes, nas relações sociais que instauram com os estudantes em uma perspectiva de aprendizagem.

O posicionamento de Cros (2009) corrobora a compreensão de que os processos inovadores não ocorrem de forma isolada, mas sim inseridos em contextos mais amplos, que denotam formação e preparação da equipe. Portanto, para romper com modelos educativos tradicionais e enraizados, é preciso investir em formação continuada, pois as iniciativas de inovação alcançarão êxito se os docentes receberem capacitação qualificada.

A minha participação no II Simpósio Internacional sobre o Desenvolvimento Profissional Docente (2015a) motivou a escrita de outro texto, em parceria com a colega Norma Golfeto, no qual analisamos a formação docente para a atuação em cenários inovadores no ensino superior. O objeto da discussão foi analisar a experiência da instituição na qual trabalhamos, que criou um modelo inovador de ensino superior. Na oportunidade, escrevemos:

> O espaço da sala de aula mudou, o ambiente de aprendizagem também e, para acompanhar as inovações, a prática docente precisou ser repaginada, repensada, ressignificada. As tecnologias foram incorporadas, as salas de aula tradicionais tiveram seu formato alterado, a função docente tornou-se imprescindível, mas com novo perfil. E mesmo com encontros mensais, cursos periódicos, os docentes encontram-se na fase da metamorfose. Nesse contexto, tentam incorporar o velho no novo, pois cortar o cordão umbilical da tendência tradicional parece doloroso. (DEBALD; GOLFETO, 2015a, p. 5).

Outra produção realizada em parceria com Golfeto (2015b), na qual refletimos sobre a profissão docente e sua disposição para trabalhar com metodologias inovadoras, foi apresentada no VIII Seminário Internacional de Educação Superior (SIES), promovido pela Rede Sulbrasileira de Investigadores da Educação Superior (RIES), realizado em Porto Alegre. Nosso entendimento em relação a promover mudanças no ensino superior é de que o corpo docente precisa abraçar o projeto e libertar-se de práticas de ensino internalizadas por anos. O desafio é reinventar-se para encarar uma sala de aula cujo estudante teve acesso antecipado ao conteúdo, fez leitura prévia e quer discutir e aprofundar a temática com alguém de tem mais propriedade – o docente. Assim,

> Para alcançar as condições necessárias à promoção das mudanças e à implementação efetiva de nova proposta pedagógica, a instituição de ensino superior investiu em formação docente e melhorou as condições de trabalho. Os docentes passaram da condição de horista para parcial ou integral, dispondo de mais tempo para preparar as atividades de aprendizagem dos estudantes, participar de reuniões colegiadas para acompanhamento das etapas de implantação do modelo. A presença e o envolvimento dos docentes melhoraram a compreensão e reforçaram a segurança para trabalhar em sala de aula. (DEBALD; GOLFETO, 2015b, p. 7).

O rompimento com as práticas pedagógicas tradicionais é um dilema para os docentes, pois, em sua formação inicial e durante os vários anos de sua atuação profissional, foram orientados por tal modalidade de educação. Ao serem desafiados a pensar diferente, enfrentam dificuldades, por isso as práticas inovadoras têm, em geral, resultados apenas após algum tempo. A passagem de protagonismo no espaço da sala de aula modifica o perfil docente requerido em espaços inovadores de ensino superior.

A formação de uma equipe qualificada apresenta-se como um dos maiores desafios para promover mudanças nos processos educativos em nível superior, principalmente quando se busca inovar ou alterar as práticas pedagógicas. Assim, investir na formação de docentes e funcionários, além dos gestores, deve ser o primeiro passo para quem deseja promover mudanças no ensino superior. As questões de infraestrutura, tecnologia e recursos auxiliares e de apoio serão introduzidas a seguir de modo sucinto.

Para compreender como as mudanças metodológicas impactam sobre a formação profissional, transcreverei parte de dois depoimentos de estudantes que tiveram trajetórias distintas no ensino superior. Para guardar sigilo, utilizarei os apelidos de Nando e Chico, ambos estudantes da UniAmérica. Nando estava há 10 anos fazendo um curso de licenciatura, e Chico, com frequência, abandonava os estudos, não concluindo o semestre. Quando começaram a estudar no novo modelo pedagógico da instituição, a vida dos dois se transformou a tal ponto que Nando se formou na metade de 2016 e Chico tem um desempenho de destaque no curso.

Os dois casos me chamaram a atenção, e convidei-os para tomar um café e ouvir suas histórias. Queria saber o porquê dos desempenhos tão distintos e o que ocorrera para mudarem suas posturas em relação aos estudos. Nando, enquanto frequentava o curso na tendência tradicional, era um estudante quieto, que não participava, e reprovava com frequência. Após estudar no modelo novo, tornou-se participativo, estudioso e organizado. Sobre a mudança de atitude, Nando (2016) fez o seguinte relato:

> As aulas eram muito chatas. Ficar a noite inteira ouvindo o professor falar, sem poder interagir, conversar com os colegas... Daí pensava nos amigos, nas festas e outras coisas que tinha fora da sala de aula e largava os estudos. Nem tinha vontade para fazer os trabalhos e estudar em casa. Agora não. A sala é mais alegre. Os colegas ajudam. Posso conversar, trocar ideias, discutir sobre o que aprendi. Além de ser prazeroso estudar. Quero terminar o curso e me formar em julho.

Chico teve uma trajetória um pouco diferente. Por ser de outra nacionalidade, enfrentava dificuldades de comunicação e, de certa forma, era rejeitado pela turma. No modelo tradicional, faltava muito e não conseguia concluir os semestres. Questionado sobre o porquê, Chico (2017) respondeu:

Ah, pensava que os colegas tinham algo contra meu jeito de ser. Não falo bem o português e me visto diferente. Tinha dificuldade de me relacionar com os colegas e, como não estudava, quase nunca contribuía nas discussões. Ficava ouvindo, mas a cabeça estava longe. Agora, com o novo modelo, venho com gosto para a sala de aula, pois tenho um grupo de estudos no qual discutimos os temas e realizamos as atividades em equipe. Um ajuda o outro. Estou muito feliz, e os colegas, que pensava não gostarem do meu jeito, era apenas impressão.

Pela trajetória dos dois estudantes, pode parecer que tudo funciona de forma perfeita no novo modelo educacional, porém, assim como tivemos exemplos em que houve significativa mudança para melhor, tivemos estudantes que optaram pela transferência por não se adaptarem ao novo formato de estudos. Desde a implantação das inovações pedagógicas (2014) até o final de 2015, a instituição teve inúmeras solicitações de transferência para outras faculdades. Somente a partir de 2016 as transferências de estudantes de outras instituições de ensino superior para a UniAmérica superaram as saídas. Isso é um fator que começa a dar alento, pois os estudantes agora conseguem se identificar com o modelo de estudo.

Fava (2016), na obra *Educação para o século XXI: a era do indivíduo digital*, faz uma série de provocações em relação à educação contemporânea, indicando elementos norteadores para as mudanças requeridas no ensino superior brasileiro. Conforme seu entendimento, urge repensar a forma de educar e compartilhar conhecimentos, pois vivemos em um novo tempo. Segundo o autor:

> Nesse cenário não é suficiente considerar mutações incrementais no processo de ensino e aprendizagem tradicional. Faz-se mister uma ruptura. O velho modelo de sala de aula notoriamente não atende às novas necessidades. Trata-se de um modelo de aprendizagem essencialmente passivo, ao passo que o mundo requer um processamento, acionamento de informações mais célere, ativo. O mundo de enfileirar estudantes com currículos lineares, torcendo para que granjeiem algo ao longo do verboso caminho. Não é inquestionável se esse foi o melhor modelo 100 anos atrás; se era, indubitavelmente não é mais. (FAVA, 2016, p. 298).

O contexto descrito por Fava serve para motivar as instituições de ensino superior que desejam modificar suas práticas pedagógicas, introduzindo inovações necessárias para acompanhar as mudanças no campo profissional. A rapidez na produção de conhecimentos deverá acender a luz de alerta para não formar um profissional desatualizado. O ensino superior precisa ficar atento à realidade para não incorrer em processos educativos que vão na contramão do mercado. Formar um profissional qualificado, tanto sob o aspecto técnico quanto de competências pessoais, agregará um diferencial na vida do egresso.

Um número significativo de instituições de ensino superior resiste em promover mudanças na estrutura organizacional e curricular dos cursos que oferecem, visto que tal situação gera insegurança sobre as novas formas de pensar e atuar em sala de aula. Nem sempre há disposição para assumir novos desafios, principalmente os que envolvem mudanças, e recomeçar é complicado para docentes acostumados a realizar sua prática pedagógica da mesma forma por várias décadas. Portanto, romper com contextos enraizados é desafiador, requer ousadia e, principalmente, coragem para promover transformações.

A UniAmérica está ciente de que a mudança em curso só foi possível em virtude dos investimentos na formação docente. A preparação e a vivência do novo modelo permitiram aos docentes compreender os novos processos, fazendo-os sentirem-se mais seguros para criar práticas alternativas de trabalho em sala de aula. Após anos, hoje, os resultados são animadores, pois o processo educativo tornou-se mais dinâmico, prático e contextualizado. Em vez de discutir temáticas no campo teórico, são analisados problemas reais e busca-se a teorização para compreender o fenômeno e fazer a intervenção mais adequada. Para Alarcão (2005, p. 176):

> [...] os professores desempenham um importante papel na produção e estruturação do conhecimento pedagógico porque refletem, de uma forma situada, na e sobre a interação que se gera entre o conhecimento científico [...] e a sua aquisição pelo aluno, refletem na e sobre a interação entre a pessoa do professor e a pessoa do aluno, entre a instituição escola e a sociedade em geral. Dessa forma, têm um papel ativo na educação e não um papel meramente técnico que se reduza à execução de normas e receitas ou à aplicação de teorias exteriores à sua própria comunidade profissional.

Ao defender que o docente precisa refletir sobre a prática, há o entendimento de que a cultura reflexiva, ainda em processo, aproxima-se dos estudos realizados por Donald Schön (1992), que inspirou uma geração de pesquisadores brasileiros ao propor um novo modelo de formação profissional, baseado na reflexão da prática. Sua teoria de prática reflexiva, para a formação de um profissional reflexivo, divide-se em três ideias centrais: a reflexão na ação, a reflexão sobre a ação e a reflexão sobre a reflexão na ação.

Talvez um dos desafios da UniAmérica esteja relacionado à formação do seu quadro docente e, ao mesmo tempo, à necessidade de reinvenção diária, a fim de atender às demandas de sala de aula, oriundas de estudantes mais bem preparados para a realização das atividades, visto que já se apropriaram de conhecimentos por meio de estudo prévio. Cabe aos docentes propor atividades que materializem o conhecimento a partir de vivências práticas associadas a problemas reais.

Ao analisar o ensino superior relacionado com a aprendizagem ativa, defende-se o rompimento de processos educativos assentados na reprodução e na memorização para a construção de conhecimentos. Dessa forma, o estudante conseguirá construir seu conhecimento se for estimulado com criatividade e criticidade, sem receios de errar, pois, ao ser incentivado em suas tentativas, estará aprendendo e ressignificando os conhecimentos.

REFERÊNCIAS

ALARCÃO, I. (coord.). *Formação reflexiva de professores*: estratégias de supervisão. Porto: Porto, 2005.

BÉDARD, D.; BÉCHARD, J. Comprendre le monde des étudiants. In: BÉDARD, D.; BÉCHARD, J. (ed.). *Innover dans l'enseignement supérieur*. Paris: Puf, 2009. c. 3, p. 61-76.

BRAGA, R. Prefácio. In: FAVA, R. *Educação para o século XXI*: a era do indivíduo digital. São Paulo: Saraiva, 2016.

BRASIL. Lei nº 9.394, de 20 de dezembro de 1996. Estabelece as diretrizes e bases da educação nacional. *Diário Oficial [da] República Federativa do Brasil*: seção 1, Brasília, DF, p. 27833, 23 dez. 1996.

BRASIL. *Parâmetros curriculares nacionais*. Brasília, DF: MEC/SEF, 1998.

CHICO. Trajetória formativa no curso de graduação. *Entrevista*. Sala dos Professores da Faculdade Comunitária União das Américas, Foz do Iguaçu-PR, 2016.

CROS, F. Préface. In: BÉDARD, D.; BÉCHARD, J. (ed.). *Innover dans l'enseignement supérieur*. Paris: Puf, 2009. p. 11-17.

DEBALD, B. S. A docência no ensino superior numa perspectiva construtivista. In: SEMINÁRIO NACIONAL DE ESTADO E POLÍTICAS SOCIAIS NO BRASIL, 2003, Cascavel. Anais [...] Cascável: Unioeste, 2003.

DEBALD, B. S.; GOLFETO, N. V. Aprendizagem ativa e sala de aula invertida: formação docente para atuação em novos cenários. In: SIMPÓSIO INTERNACIONAL SOBRE O DESENVOLVIMENTO PROFISSIONAL DOCENTE, 2., 2015, Curitiba. Anais [...] Curitiba: UTFPR, 2015a.

DEBALD, B. S.; GOLFETO, N. V. Desenvolvimento profissional docente no contexto das metodologias ativas de aprendizagem e da sala de aula invertida. In: SEMINÁRIO INTERNACIONAL DE EDUCAÇÃO SUPERIOR, 8., 2015, Porto Alegre. Anais [...] Porto Alegre: UFRGS, 2015b.

FAVA, R. *Educação para o século XXI*: a era do indivíduo digital. São Paulo: Saraiva, 2016.

NANDO. Trajetória formativa no curso de graduação. *Entrevista*. Sala dos Professores da Faculdade Comunitária União das Américas, Foz do Iguaçu, 2016.

SCHÖN, D. A. Formar professores como profissionais reflexivos. In: NÓVOA, A. (coord.). *Os professores e sua formação*. Lisboa: Dom Quixote, 1992.

2

Modos de ser estudante e as pedagogias ativas: autonomia e aprendizagem na experiência do indivíduo livre

Sandra Oliveira

> [...] se o futuro é incerto e os desafios se renovam
> rapidamente, é preciso uma formação que leve crianças
> e jovens a terem um papel ativo na construção
> do seu corpo de conhecimento, renovando seus
> saberes continuamente, segundo a necessidade.
> Assim, acima e além de conteúdos importantes,
> a escola deve ensinar habilidades, cultivando a capacidade
> de iniciativa dos alunos em relação à aquisição,
> à crítica e até mesmo à produção de conhecimento.
>
> Fábio Ribeiro Mendes

As palavras de Mendes (2012), retiradas do livro *A nova sala de aula*, inspiram este capítulo, que nasce da proposta de pensar sobre o estudante e as pedagogias ativas no contexto da escola contemporânea. Parece que, em tempos de racionalidade neoliberal, a aprendizagem passa a ter *status* de autoaprendizagem.

Para seguir essa linha de raciocínio, é preciso perceber que a aprendizagem passa a dominar os discursos educacionais contemporâneos e que esta não é uma simples constatação. Trata-se de uma mudança importante que se instaura na educação, principalmente no campo da didática: o deslocamento do ensino para a aprendizagem. Esse deslocamento ocasionou impacto na prática docente, na postura do estudante, bem como nas relações estabelecidas entre docente, estudante e conhecimento. A ênfase das propostas pedagógicas e dos currículos escolares é na aprendizagem, e a centralidade do processo está no estudante.

Em pesquisa de tese de doutorado em educação (OLIVEIRA, 2015), foi possível observar nas práticas escolares certa ênfase na aprendizagem em detrimento do ensino. Esse deslocamento da ênfase do ensino para aprendizagem vem sendo anunciado por alguns autores contemporâneos, entre eles Giert Biesta. O autor identifica um conjunto discursivo colocado em circulação, o que tem chamado de a linguagem da aprendizagem: "a linguagem para os educadores tem passado por uma transformação nas últimas duas décadas. [...] a linguagem da educação vem sendo substituída por uma linguagem de aprendizagem" (BIESTA, 2013, p. 30).

Corroborando as ideias de Biesta (2013), defendo que a "linguagem de aprendizagem vem instituindo determinadas práticas pedagógicas que conformam os modos de ser docente e de ser estudante desde o século XX" (OLIVEIRA, 2015).

A pedagogia nova, em oposição à pedagogia tradicional, encontrou nas tecnologias da informação e comunicação uma aliada para o fortalecimento das metodologias ativas. As práticas tradicionais foram substituídas por atividades prazerosas que despertam o interesse do estudante, como, por exemplo, as atividades realizadas na mesa educacional.[1] Com o referido recurso, bastante utilizado na fase da alfabetização, é possível desenvolver atividades interativas e colaborativas, despertando o interesse do aluno. Conforme Dewey, "[...] o interesse o inspira inteiramente, *porque o nosso 'eu' se entrega, todo ele, a atividade*" (1971, p. 69, grifos do autor). Noguera-Ramirez (2011, p. 242) afirma que "o interesse garante uma economia da ação, uma economia das forças, e a aprendizagem é a ação mais eficiente que um organismo pode conseguir enquanto significa uma adaptação, porém, crescimento, desenvolvimento [...]".

A linguagem de aprendizagem comporta discursos, tais como *aprender por toda a vida*, que são preponderantes nas políticas públicas brasileiras, que, por sua vez, são pautadas em documentos internacionais, como os oriundos da Organização

---

[1] Recurso tecnológico distribuído pelo Ministério da Educação, integrando os Laboratórios de Informática das escolas de ensino fundamental da rede pública. Com *design* colorido, a mesa foi desenvolvida com o objetivo de auxiliar a criança a se desenvolver integralmente, em seus aspectos físico, intelectual, psicológico e social. Composta por atividades interativas multimídia e uma grande variedade de materiais manipuláveis, como bichos de pelúcia, blocos lógicos, *tangram*, tapete de atividades, entre outros, o recurso, também conhecido como Mesa Educacional Mundo das Descobertas, encoraja a experimentação por meio de atividades lúdicas, desafios, jogos, cantigas, entre outras possibilidades. As atividades são relacionadas a diferentes temas e áreas: movimento, linguagem oral e escrita, natureza e sociedade, matemática, arte e música. Disponível em: http://tecnologia.educacional.com.br/tecnologia-educacional/aprendizagem-colaborativa-com-mesas-educacionais/. Acesso em: 10 dez. 2019.

para a Cooperação e Desenvolvimento Econômico (OCDE) (BRASIL, 2018). Tais discursos encontraram espaço fecundo na educação de adultos e passaram a orientar os currículos e as práticas educativas de diferentes modalidades de ensino, participando da produção e da governança de sujeitos globais, conforme analisado em outra oportunidade (OLIVEIRA, 2007).

Biesta (2013), ao referir-se à linguagem de aprendizagem, cita, além das teorias da aprendizagem, outros três aspectos, denominados tendências, os quais contribuíram para o surgimento da linguagem de aprendizagem. Para o autor, o impacto do Pós-modernismo sobre a teoria e a prática educacional, a expansão vertiginosa da aprendizagem adulta e "[...] desenvolvimentos políticos e socioeconômicos mais amplos, particularmente com a erosão do estado do bem-estar social e o aparecimento da ideologia de mercado do neoliberalismo" (BIESTA, 2013, p. 36), foram condições que possibilitaram a linguagem de aprendizagem.

Outro estudo importante para entendermos o deslocamento da ênfase do ensino para a aprendizagem é a tese de Ramos do Ó (2009). Em suas análises sobre o ensino liceal (1836-1975), Ramos do Ó identifica ideias, diagnósticos e práticas que configuraram um modelo de escola com características modernas e, conforme defende o autor, cuja proposta curricular permanece na atualidade. Esse modelo está centrado em práticas que privilegiem "[...] o interesse do aluno, em ordem a otimizar o seu rendimento escolar [...]" e que sejam destinadas a "[...] intervir sobre aptidões, atitudes, disposições e comportamentos dos alunos", configurando um regime cognitivo-funcional (RAMOS DO Ó, 2009, p. 94-95) para a condução da conduta dos sujeitos escolares.

Discursos sobre educação pautados nas metodologias oriundas da escola ativa e na importância do lúdico devem estar aliados às psicopedagogias e às pedagogias das competências. Conforme identificamos em Perrenoud (1999, p. 53), "[...] a abordagem por competências junta-se às exigências da focalização sobre o aluno, da pedagogia diferenciada e dos métodos ativos [...]", passando a operar não mais em uma lógica do ensino, mas em uma lógica individual, lógica do treinamento (*coaching*), visando a um melhor desempenho, a uma alta *performance*.

Propõe-se pensar o estudante no contexto das metodologias ativas e a mudança nos modos de ser e agir dos sujeitos escolares contemporâneos. Para tanto, mostrou-se, na breve indicação de estudos, que uma mudança importante se instaura na educação desde o século XX, na qual há o deslocamento do ensino para a aprendizagem: os currículos escolares focados na aprendizagem e com centralidade no processo de produção de conhecimentos por parte do estudante são inovadores e requerem propostas pedagógicas mais ousadas para a promoção da aprendizagem. A chave é a experiência, a experiência do indivíduo livre.

INDIVÍDUO, EXPERIÊNCIA E LIBERDADE

> [...] através de uma prática cada vez mais definida como da autonomia funcional e da liberdade, [esta] viria a impor-se como a marca socializadora mais distintiva e consensual do modelo de educação que se espalhou pelos quatro cantos do mundo.
>
> (RAMOS DO Ó; CARVALHO, 2009, p. 18)

Em uma sociedade pautada pelo individualismo, a centralidade está no indivíduo, por isso a importância das metodologias ativas nesse contexto. É preciso desenvolver no sujeito a capacidade de empreender os próprios propósitos. A liberdade é fundamental para a autonomia no processo de aprendizagem, e, quanto maior for a experiência de liberdade, maior é o espaço para a curiosidade, como podemos perceber em Freire (2007, p. 86):

> Antes de qualquer tentativa de discussão de técnicas, de materiais, de métodos para uma aula dinâmica assim, é preciso, indispensável mesmo, que o professor se ache "repousado" no saber de que a pedra fundamental é a curiosidade do ser humano. É ela que me faz perguntar, conhecer, atuar, mais perguntar, reconhecer.

Os fundamentos das pedagogias ativas circulantes na escola contemporânea podem ser encontrados em obras dos anos de 1930, consideradas marcos da Escola Nova no Brasil, a exemplo: *A escola sob medida* (1951), de Edouard Claparède, *Experiência e educação* (1958), de John Dewey, e *Manifesto dos Pioneiros da Escola Nova* (1944 apud LEMME, 2005, documento *on-line*). As obras de Paulo Freire, particularmente *Pedagogia do oprimido* (1987), poderiam compor o referencial que fundamentou as pedagogias ativas circulantes na escola contemporânea. Mas o que elas têm em comum? São baseadas em métodos ativos para a aprendizagem, nos quais o estudante é o protagonista do processo educacional.

Edouard Claparède (1959) defendia a necessidade de estimular na criança um interesse ativo pelo conhecimento. Para Dewey (2011), o ponto de partida é a experiência. O ativismo pedagógico proposto por Dewey, fundamentado na experiência concreta e no interesse da criança, implica "pressupostos da criatividade, da autonomia, da liberdade inventiva" e critica a "velha escola", da qual rejeita seu método autoritário, o caráter excludente e a aprendizagem decorada. Todavia, recusa-se a descartar os conhecimentos historicamente acumulados pela humanidade e insiste na urgência de se dominar a ciência moderna (BITTAR; FERREIRA JR., 2015, p. 452).

As pedagogias ativas pressupõem uma mudança pedagógica, desde a própria estrutura física da escola até os modos de ser, agir e se relacionar dos sujeitos envolvidos no processo pedagógico. Mas o que muda no estudante, no docente e na relação com o conhecimento a partir das metodologias ativas? Muda a escola: o ambiente precisa ser interessante, lúdico, agradável; precisa instigar a criação, a colaboração, a interação, a conexão; a escola para além do prédio. Há uma sede física, porém, no conceito de escola, está algo maior, sua abrangência passa a ser virtual, todos estão conectados a qualquer tempo e espaço. Os tentáculos da escola se expandem, e entram em cena as tecnologias que permitem o trabalho em rede, o acompanhamento por parte do docente a distância, o controle na realização das atividades pode se dar nas 24 horas do dia: dispositivos móveis, *software*, aplicativos, redes sociais, etc.

Mudam os modos de ser, agir e se relacionar: os papéis se alteram, a ênfase do processo é no estudante, a postura docente muda, pois ele não é mais o detentor de todo o saber, mas, sim, um pesquisador experiente que está lá para orientar o estudante em suas descobertas. O estudante é tomado como sujeito ativo, capaz de definir o que aprender. O conhecimento gira em torno da vida, do contexto, das necessidades, dos problemas locais e globais.

A postura do estudante frente ao conhecimento a ser construído e a sua relação com os conteúdos escolares muda, na medida em que consegue estabelecer conexões com o cotidiano e, muitas vezes, utiliza o conhecimento construído para resolver problemas de seu entorno. De acordo com Demo (2011, p. 1), a educação é o "[...] processo de formação da competência humana, com qualidade formal e política, encontrando no conhecimento inovador a alavanca principal da intervenção ética". Demo (2011, p. 1) apresenta essa definição para falar sobre a importância da pesquisa para a educação, defendendo a ideia da "[...] pesquisa como a maneira escolar e acadêmica de educar". A escola e a universidade precisam ser espaço para a experiência, como organismos vivos que aprendem (SENGE, 2005).

A escrita deste capítulo se deu a partir de três experiências distintas, tendo em comum o fato de serem pesquisas desenvolvidas com foco nas metodologias ativas de aprendizagem. Com base nessas experiências, foi possível identificar os modos de ser estudante produzidos no desenvolvimento das metodologias ativas em diferentes níveis de ensino.

A primeira experiência diz respeito à proposta de ensino e aprendizagem pela pesquisa, com base em um trabalho de fomento à iniciação científica, desde a educação infantil até o ensino médio e educação profissional, realizado pela Fundação Liberato,[2] em Novo Hamburgo, no Rio Grande do Sul. A problemá-

---

[2] Fundação Escola Técnica Liberato Salzano Vieira da Cunha. Informações em www.liberato.com.br.

tica central de investigação da pesquisa, intitulada *Iniciação científica no ensino fundamental: os impactos na formação a partir do ensino e aprendizagem pela pesquisa*, emerge da observação de um fenômeno que pode ser considerado recente na educação brasileira: a popularização da ciência no Brasil por meio da inserção da iniciação científica nas escolas de educação básica. Estudantes e docentes de diferentes níveis de ensino estão, cada vez mais, se envolvendo em projetos de pesquisa, sendo que um número expressivo deles tem participado de feiras de ciências e mostras científicas de âmbito nacional e internacional.

Os pesquisadores afirmam que a experiência de pesquisa no ensino fundamental pode contribuir para que os estudantes desenvolvam a capacidade de problematizar situações próprias de seu entorno, sendo, portanto, "[...] importante compreender as feiras de ciências como um espaço produtivo de interação da escola com a comunidade" (OLIVEIRA; SARDAGNA; VIEGAS, 2016, p. 4).

Para autores como Freire (1987, 2007) e Demo (2011), o espaço da escola pode (e deve) ser lugar para a pesquisa e o educar pela pesquisa. Nas palavras de Freire (2007, p. 46), "pesquiso para constatar, constatando, intervenho, intervindo educo e me educo. Pesquiso para conhecer o que ainda não conheço e comunicar ou anunciar a novidade". O docente não é transmissor, mediador ou facilitador, mas sim interventor. Freire associa o papel de interventor à intelectualidade do professor. "O educador ou educadora como um intelectual tem que intervir. Não pode ser um mero facilitador" (FREIRE, 2007, p. 177).

O conceito de intervenção pedagógica está relacionado à teoria histórico-cultural, difundida a partir dos estudos de Vygotsky, Luria e Leontiev (1988).[3] Em suas investigações psicoeducativas, os autores defenderam a importância do trabalho do docente, em face de uma intervenção pedagógica eficaz para o avanço das aprendizagens dos escolares e para o seu desenvolvimento psicossocial. Docentes interventores colaboram para o desenvolvimento de estudantes interventores.[4] Quais modos de ser estudante estão sendo constituídos por meio da iniciação científica no ensino fundamental e do incentivo à participação em feiras de ciências? O Quadro 2.1 apresenta exemplos de excertos extraídos do material analisado.

No decorrer do exercício analítico, foi possível identificar "[...] um conjunto de verdades balizadoras das práticas de iniciação científica, com efeitos no processo de formação dos sujeitos do ensino fundamental, constituindo seus modos de ser e agir" (OLIVEIRA; SARDAGNA; VIEGAS, 2016, p. 4). Desse modo,

---

[3] Particularmente em: *Linguagem, desenvolvimento e aprendizagem* (VYGOTSKY; LURIA; LEONTIEV, 1988); *Pensamento e linguagem* (VYGOTSKY, 2008); *Teoria e método em psicologia* (VYGOTSKY, 2004); *Psicologia pedagógica* (VYGOTSKY, 2003).

[4] Sobre intervenção trabalhei em minha pesquisa de tese (OLIVEIRA, 2015).

QUADRO 2.1 Educação para a pesquisa na educação básica

A pesquisa científica oferece aos alunos possibilidades reais de interação e transformação do mundo em que vivem.

O processo científico, quando instaurado de forma séria e comprometida na escola, ajuda a formar sujeitos mais conscientes e participativos na sociedade.

Os benefícios dessa proposta são a ação coletiva e o envolvimento familiar e comunitário. O professor deve experimentar, pois é provocador e extremamente significativo para ele e seus alunos.

Os benefícios são imensuráveis, mas o maior deles é o significado que a aprendizagem por meio da metodologia científica representa para eles, a aprendizagem significativa que ocorre a partir dessa relação.

O principal foi a integração entre alunos e comunidade, uma vez que o projeto se tornou um elo e um objetivo em comum para eles. Buscar metodologias de coleta de dados do interesse dos alunos garantiu o protagonismo juvenil e a possibilidade de ações vinculadas aos resultados da pesquisa.

Agora são os estudantes que correm atrás de nós, querendo estudar, desenvolver projetos, pesquisar no contraturno... antes era o professor que corria atrás deles desesperadamente, para que fizessem os temas, estudassem para uma prova, fizessem o trabalho proposto.

Os pequenos pesquisadores encantaram a todos os visitantes com sua desenvoltura para contar sobre o problema de pesquisa, a metodologia empregada, as descobertas realizadas e a relevância do trabalho desenvolvido. Não faltaram cadernos de campo bem-elaborados, experimentos com soluções criativas e propostas de intervenção nas comunidades envolvidas com a pesquisa.

Fonte: dados gentilmente cedidos pela pesquisa Avaliação Mostratec Júnior, 2015.

Os sentidos atribuídos pelo professor à experiência de participação em feiras de ciências, nos permitiram perceber dois aspectos determinantes das práticas de iniciação científica; são eles: a preponderância dos discursos voltados à aprendizagem significativa; a ênfase no fazer coletivo e colaborativo ligada à ideia de intervenção como estratégia para a transformação do meio e dos sujeitos envolvidos. (OLIVEIRA; SARDAGNA; VIEGAS, 2016, p. 4).

Essas práticas participam dos processos de subjetivação, produzindo sujeitos escolares com modos de ser e agir específicos, a que nomeamos preliminarmente como *cidadãos interventores*.[5] Para fortalecer os argumentos e ampliar o escopo do capítulo, considero importante trazer outras pesquisas sobre a metodologia ativa

---

[5] Por ocasião da escrita deste capítulo, a referida pesquisa estava em desenvolvimento, apenas com resultados preliminares divulgados.

em níveis de ensino diferentes. Assim, a segunda experiência está relacionada ao ensino superior, a partir de estudos realizados no Grupo de Estudos em Metodologias Ativas de Aprendizagem, na UniAmérica (2015-2017), o qual analisou a implantação do modelo de aprendizagem por projetos e o uso de metodologias ativas em diferentes cursos de graduação.

O modelo pedagógico analisado tem como princípio básico o protagonismo e a autonomia do estudante. Durante sua formação, os estudantes realizaram um estudo prévio a partir de um ambiente virtual de aprendizagem e, depois, participam de momentos de discussão e aprofundamento conceitual de forma presencial nos diferentes componentes curriculares do curso. Os resultados indicaram o aumento do rendimento dos estudantes investigados, sendo que, em sua maioria, tiveram boa participação nas propostas, com tempo médio de 12 horas de estudo semanal, além das aulas presenciais, e 70% de aproveitamento do material disponibilizado. Para a maioria dos estudantes entrevistados, o método modifica a relação entre docentes e estudantes, pois desafia mais a pensar do que dar e receber respostas prontas (DEBALD; GOLFETO, 2015, p. 6). Além das diversas atividades individuais semanais realizadas a distância pelos estudantes, ocorreram encontros presenciais para discussão, momentos em que o docente interviu coletivamente para aprofundar os conhecimentos.

Conforme os pesquisadores, "o estudante estuda o problema e procura soluções científicas para a problemática. O contexto força o estudante a pensar o conhecimento a partir da aplicabilidade e ao mesmo tempo se compromete em promover transformações na sociedade" (DEBALD; GOLFETO, 2015, p. 8). Nessa proposta, as tecnologias para educação a distância tiveram papel preponderante, reforçando o aspecto anunciado no início do capítulo sobre a aprendizagem com *status* de autoaprendizagem. Desenvolver e consolidar as capacidades de autoaprendizagem resultou, principalmente, na iniciativa do estudante para a intervenção em seu meio, sendo capaz de identificar e solucionar os problemas de seu entorno com elevado grau de autonomia. Nesta segunda experiência, também foi possível perceber que o modo de ser estudante possui uma ênfase no fazer e, sobretudo, no fazer que possibilita e motiva para a interação e intervenção.

Silva (2014, p. 404), em análise dos processos de formação contemporâneos, afirma que "[...] diferentes regimes de individualização das responsabilidades coletivas são colocados em cena para a produção de novas subjetividades – mais interativas e flexíveis, por um lado, e mais inclusivas e democráticas, por outro".

Contudo, é preciso estar atento para não se deixar seduzir pelo discurso da inovação na educação, mantendo, sempre, uma postura problematizadora frente ao que nos é proposto. Nesse sentido, para contrapor e fazer pensar, apresento a terceira experiência: trata-se da pesquisa com jovens da educação básica, sobre aprendizagem móvel, intitulada *Aprendizagem mediada por tecnologias móveis sem fio*, desenvolvida pelo Instituto Federal do Rio Grande do Sul (IFRS), *campus* Porto Alegre, em parceria com o *campus* Bento Gonçalves e a Universidade do Vale do Rio dos Sinos (Unisinos).

A pesquisa foi aplicada em escolas da rede pública de Porto Alegre e de Bento Gonçalves (RS). O objetivo foi "[...] conhecer como os alunos da educação básica fazem uso das tecnologias digitais como ferramenta de apoio para o processo de aprendizagem" (LOUREIRO; DUTRA, 2016, p. 3).

Sobre a utilização que os estudantes fazem das tecnologias móveis sem fio como recurso para a aprendizagem, foram identificados quatro enfoques:

> [...] utilização de aplicativos para a fixação dos conteúdos desenvolvidos em aula; comunicação entre os colegas por meio de aplicativos de mensagens instantâneas; acesso a videoaulas como forma de reprodução das explicações dadas pelos professores em sala de aula e acesso a materiais, como documentos em formato PDF e *slides*, disponibilizados pelos professores. (LOUREIRO; DUTRA, 2016, p. 3).

Segundo a Organização das Nações Unidas para a Educação, a Ciência e a Cultura (Unesco) (2014, p. 8), aprendizagem móvel é a "[...] aprendizagem a qualquer hora e em qualquer lugar". Para Loureiro e Dutra (2016, p. 8),

> [...] um olhar aligeirado a esses discursos pode levar-nos à compreensão de que investir na aprendizagem por meio das tecnologias digitais móveis sem fio (TDMSF) pode ser uma solução para parte dos problemas que acometem a escola na atualidade – desinteresse, indisciplina, falta de comprometimento e de disposição para frequentar as classes escolares, sem falar na falta de tempo, que assola a todos nós.

Com base nos dados analisados na pesquisa, as autoras alertam para o fato de que o uso dessas tecnologias pelos estudantes investigados restringe-se a ações utilitaristas. Outra indicação importante da pesquisa é de que

> [...] tais artefatos, enquanto recursos para aprendizagem, promovem a individualização dos estudantes, a redução do processo de ensino e de aprendizagem a uma ideia de treinamento. Estas questões produzem o empobrecimento do espaço e tempo da escola enquanto oportunidade para pensar o pensamento e promovem, de forma cada vez mais acentuada, a autoaprendizagem. (LOUREIRO; DUTRA, 2016, p. 3).

Conforme inferi em outro momento da discussão, a partir da instauração da linguagem de aprendizagem, é possível ler uma série de mudanças nos focos de atuação da escola/universidade e de suas próprias funções: de uma escola que ensina para uma escola que se centra nas aprendizagens; de uma escola centrada na ação do docente para uma escola com centralidade nas necessidades e nos interesses dos estudantes; de uma escola com ênfase no coletivo para uma escola com ênfase nas individualidades; de uma escola com avaliação cumulativa de conteúdos para uma escola com avaliação da *performance* do sujeito; de um currículo com foco em conhecimentos para um currículo com foco em competências (OLIVEIRA, 2015). Assim, as pedagogias ativas podem ser condição de possibilidade para outras práticas, bem como para a manutenção das práticas de sempre, tão caras à educação brasileira.

As pesquisas apresentadas neste capítulo foram produzidas na fase inicial de implementação do Projeto de Inovação na instituição e ainda estão em desenvolvimento, podendo nos ajudar a problematizar as práticas instituídas por tais pedagogias. Ao tecer algumas possibilidades para continuarmos pensando sobre o estudante e as metodologias ativas no contexto da escola contemporânea, o faço a partir de uma postura anarqueológica, como estado de crítica permanente, construída na relação com os estudos foucaultianos, que nos incitam a pensar sobre "[...] o caráter arbitrário das instituições e que nos mostram de que espaço de liberdade ainda dispomos e quais são as mudanças que podem ainda se efetuar" (FOUCAULT, 2004, p. 296).

Com inspiração em Arendt (2013), é possível afirmar que a escola não é um sistema de adequação do estudante à sociedade, mas pode constituir a modificação dele no mundo. Biesta (2013), a partir de seus estudos sobre educação democrática, propõe pensar a subjetividade no sentido de Arendt. Estritamente ligada à ideia de ação, "[...] a subjetividade tem a ver com a ação: ser um sujeito significa agir [...]" (BIESTA, 2013, p. 169). Uma subjetividade constitui-se quando, na relação com o outro, existe a possibilidade da ação livre do outro. Portanto, não há subjetividade sem a ação do outro, e não há ação no isolamento, pois "[...] só podemos ser sujeitos *em* ação, isto é, em nosso ser com os *outros*" (BIESTA, 2013, p. 181, grifos do autor).

É preciso que o sujeito ativo, ou *cidadão interventor* (OLIVEIRA; SARDAGNA; VIEGAS, 2016), produzido no âmbito das pedagogias ativas em desenvolvimento na educação contemporânea brasileira, possa ser sujeito *em ação*, isto é, ser com os *outros*. Para tanto, precisamos de escolas/universidades que compreendam o conhecimento como algo que se constrói e se vive coletivamente. Autonomia e aprendizagem na experiência do indivíduo livre só fazem sentido se for para reinventarmos nossos *modos de ser humanos*. Eis o desafio em tempos de individualização.

REFERÊNCIAS

ARENDT, H. *Entre o passado e o futuro*. 7. ed. São Paulo: Perspectiva, 2013.

BIESTA, G. *Para além da aprendizagem*: educação democrática para um futuro humano. Belo Horizonte: Autêntica, 2013.

BITTAR, M.; FERREIRA JR, A. Ativismo pedagógico e princípios da escola do trabalho nos primeiros tempos da educação soviética. *Revista Brasileira de Educação*, v. 20, n. 61, p. 433-456, 2015.

BRASIL. Ministério da Fazenda. *Diretrizes da OCDE para empresas multinacionais*. 2018. Disponível em: http://www.fazenda.gov.br/assuntos/atuacao-internacional/ponto-de-contato-nacional/diretrizes-da-ocde-para-empresas-multinacionais. Acesso em: 26 ago. 2019.

CLAPARÈDE, E. *A escola sob medida*. Rio de Janeiro: Fundo de Cultura, 1959. Obra originalmente publicada em 1951.

DEBALD, B. S.; GOLFETO, N. V. Protagonismo estudantil e metodologias ativas de aprendizagem em tempos de transformação na educação superior. *In*: CONGRESSO IBERO-AMERICANO DE HUMANIDADES, CIÊNCIAS E EDUCAÇÃO, 2., 2016, Criciúma. *Anais* [...] Criciúma: UNESC, 2016. Tema do congresso: Políticas de formação nos países ibero-americanos.

DEMO, P. *Educar pela pesquisa*. 9. ed. Campinas: Autores Associados, 2011.

DEWEY, J. *Experiência e educação*. 2. ed. Petrópolis: Vozes, 2011. Obra originalmente publicada em 1958.

DEWEY, J. *Vida e educação*. 7. ed. São Paulo: Melhoramentos, 1971.

FOUCAULT, M. *Ética, sexualidade, política*. Rio de Janeiro: Forense Universitária, 2004. (Ditos e Escritos, 5).

FREIRE, P. *Pedagogia da autonomia*: saberes necessários à prática educativa. 35. ed. São Paulo: Paz e Terra, 2007. (Leitura).

FREIRE, P. *Pedagogia do oprimido*. 17. ed. Rio de Janeiro: Paz e Terra, 1987.

LEMME, P. O Manifesto dos Pioneiros da Educação Nova e suas repercussões na realidade educacional brasileira. *Revista Brasileira de Estudos Pedagógicos*, v. 86, n. 202, p. 163-178, 2005. Disponível em: http://portal.inep.gov.br/documents/186968/489316/Revista+Brasileira+de+Estudos+Pedag%C3%B3gicos+%28RBEP%29+-+Num+212/cbeadc35-ec0d-4b12-9f05-c09eb-52c7a2d?version=1.3. Acesso em: 17 dez. 2019.

LOUREIRO, C. B.; DUTRA, G. C. *Relatório parcial da pesquisa aprendizagem mediada por tecnologias móveis sem fio*. Porto Alegre: IFRS, 2016.

MENDES, F. R. *A nova sala de aula*. Porto Alegre: Autonomia, 2012.

NOGUERA-RAMÍREZ, C. E. *Pedagogia e governamentalidade*: ou da modernidade como uma sociedade educativa. Belo Horizonte: Autêntica, 2011.

OLIVEIRA, S. *Aprender por toda a vida*: tramas de efeito na educação de jovens e adultos. 2007. Dissertação (Mestrado em Educação) – Universidade Luterana do Brasil, Canoas, 2007.

OLIVEIRA, S. *Tornar-se professor/a*: matriz de experiência e processos de subjetivação na iniciação à docência. 2015. Tese (Doutorado em Educação) – Unidade Acadêmica de Pesquisa e Pós-Graduação, Universidade do Vale do Rio dos Sinos, São Leopoldo, 2015.

OLIVEIRA, S.; SARDAGNA, H. V.; VIEGAS, A. L. Iniciação científica no ensino fundamental: a experiência de participação em feiras de ciências e os impactos na formação. *In*: REUNIÃO CIENTÍFICA REGIONAL DA ANPED, 2016, Curitiba. *Anais* [...] Porto Alegre: ANPED SUL,

2016. Disponível em: http://www.anpedsul2016.ufpr.br/portal/wp-content/uploads/2015/11/eixo10_SANDRA-DE-OLIVEIRA-HELENA-VENITES-SARDAGNA-ANDR%C3%89-LU%-C3%8DS-VIEGAS.pdf. Acesso em: 26 ago. 2019.

PERRENOUD, P. *Construir as competências desde a escola*. Porto Alegre: Artmed, 1999.

PIAGET, J. *O nascimento da inteligência na criança*. 2. ed. Rio de Janeiro: Zahar, 1975.

RAMOS DO Ó, J. *Ensino liceal (1836-1975)*. Lisboa: Ministério da Educação, 2009.

RAMOS DO Ó, J.; CARVALHO, L. M. *Emergência e circulação do conhecimento psicopedagógico moderno (1880-1960)*: estudos comparados Portugal-Brasil. Lisboa: Educa, 2009. (Ciências da Educação, 7).

SENGE, P. *et al*. *Escolas que aprendem*: um guia da quinta disciplina para educadores, pais e todos que se interessam por educação. Porto Alegre: Artmed, 2005.

SILVA, R. R. D. Docência, governo e verdade: elementos para uma análise anarqueológica. *Revista Espaço Pedagógico*, v. 21, n. 2, p. 403-418, 2014.

UNESCO. *Diretrizes de políticas para a aprendizagem móvel*. Brasília, DF: UNESCO, 2014. Disponível em: https://unesdoc.unesco.org/ark:/48223/pf0000227770. Acesso em: 26 ago. 2019.

VYGOTSKY, L. *Pensamento e linguagem*. 4. ed. São Paulo: Martins Fontes, 2008.

VYGOTSKY, L. *Psicologia pedagógica*. Porto Alegre: Artmed, 2003.

VYGOTSKY, L. *Teoria e método em psicologia*. 3. ed. São Paulo: Martins Fontes, 2004.

VYGOTSKY, L.; LURIA, A. R.; LEONTIEV, A. N. *Linguagem, desenvolvimento e aprendizagem*. São Paulo, Ícone: Edusp, 1988.

LEITURAS RECOMENDADAS

BIESTA, G. The future of teacher education: evidence, competence or wisdom? *Rose Research on Steiner Education*, v. 3, n. 1, p. 8-21, 2012.

DEWEY, J. *Arte como experiência*. São Paulo: Martins Fontes, 2012.

DEWEY, J. *Democracia e educação*. Introdução à filosofia da educação. 4. ed. São Paulo: Nacional, 1979. (Atualidades pedagógicas, 21).

3

Estudo prévio: sala de aula invertida

Priscilla Higashi
Silviane Galvan Pereira

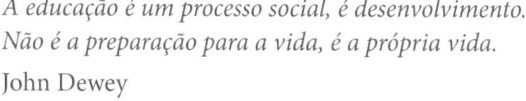

*A educação é um processo social, é desenvolvimento.
Não é a preparação para a vida, é a própria vida.*
John Dewey

A sala de aula invertida, também conhecida como *flipped classroom*, é a organização "invertida" da sala de aula. Essencialmente, existe um estudo prévio do conteúdo que será abordado, e o tempo utilizado em sala de aula se transforma em atividades dinâmicas, com trocas de experiências e diferentes olhares da temática, o que contribui para o protagonismo estudantil, pois a construção do conhecimento ocorre por meio de características, interesses e estilos de aprendizagem individuais.

A primeira experiência de mudança metodológica ocorreu na primeira década do século XXI. A proposta nasceu no ano letivo 2007-2008, a partir da inquietação e frustração de dois docentes de química, Jonathan Bergmann e Aaron Sams, que lecionavam na Woodland Park High School, no Colorado, Estados Unidos. Mesmo depois de muitos anos de magistério, eles estavam decepcionados com a incapacidade dos estudantes em traduzir o conteúdo em conhecimentos práticos, bem como com as frequentes faltas. Começaram, então, a repensar suas estratégias de aprendizagem, iniciando com a produção de vídeos do conteúdo das aulas e postando-os na internet, para que os alunos ausentes pudessem acompanhar o conteúdo. Utilizando-o como reforço de estudo, todos os estudantes começaram a acessar o material publicado, não só os ausentes. Assim, Aaron percebeu que a presença dele era necessária apenas nos períodos de dificuldades dos alunos (BERGMANN;

SAMS, 2016). A essência do modelo que os docentes descobriram tornou as aulas presenciais mais significativas.

O modelo de sala de aula invertida surgiu como uma proposta diferenciada dos modelos tradicionais, que faziam sentido quando o acesso à informação era limitado, sendo adequada a transmissão de informações por meio dos docentes. O avanço tecnológico proporcionou uma ampliação dos processos de ensino e de aprendizagem, com a necessidade de outras ferramentas pedagógicas, como, por exemplo, a internet. Acrescenta-se a exigência de uma maior qualidade do ensino superior, que requer atenção especial, pois o modelo em vigência não atende às necessidades da sociedade contemporânea (MORAN, 2015).

Entre as críticas pontuais para a qualidade do ensino, destacam-se a inadequação da formação superior, o baixo desempenho em provas avaliativas, propostas pelo Ministério da Educação, e o alto índice de evasão escolar. Tais críticas indicam necessidades de melhorias na organização e de repensar os processos de aprendizagem, principalmente das metodologias didático-pedagógicas.

A realidade demonstra que a formação inadequada é atribuída por profissionais que realizam suas ações de forma desintegrada, devido ao conhecimento fragmentado, construído durante sua formação acadêmica, o que reflete no ambiente científico por meio do baixo desempenho no registro de publicações de qualidade. No contexto internacional, o Brasil ocupa apenas a 23ª posição no *ranking* de produção de artigos em periódicos, ficando atrás de países como Índia, China e Israel (NATURE..., 2015).

Além disso, o Exame Nacional de Desempenho de Estudantes (Enade), cujo objetivo é a avaliação do rendimento dos concluintes dos cursos de graduação, demonstrou resultados inferiores ao esperado, indicando que os estudantes não estão aprendendo o esperado para os cursos. O fato aponta para a necessidade de mudanças no modelo educacional, pois a avaliação, somada a infraestrutura e instalações, recursos didático-pedagógicos e corpo docente, pode determinar a autonomia da instituição, com possíveis punições pelo Ministério da Educação.

Com relação à evasão, a incidência indica que o índice de abandono pode variar entre 20 e 50%, tanto nas instituições públicas quanto nas privadas. A evasão pode ser resultado de um processo longitudinal entre fatores externos ao estudante, fatores pessoais e nível de integração acadêmica e social, representados por insatisfação com o curso, a instituição, os docentes e a dificuldade de aprendizagem (BARDAGI; HUTZ, 2014). É importante destacar que a evasão é um fenômeno que salienta a necessidade de espaços institucionais que deem suporte às dificuldades do estudante.

A aprendizagem de forma mais dinâmica pode melhorar o resultado do processo didático. Ao contrário da aula expositiva tradicional, que, muitas vezes, é conteudista, desmotivadora e ministrada por docentes autoritários (CINTRA, 2012), a sala de aula invertida propõe o protagonismo do estudante, com o apoio de tecnologias e mediação dos estudos pelo docente. O processo é permeado por avaliações, a fim de verificar a assimilação do estudante com os materiais indicados, a capacidade de aplicar os conceitos e o desenvolvimento das competências esperadas.

As competências esperadas em um curso de graduação devem expressar os consensos coletivos acerca do que é imprescindível e o conteúdo que todo estudante deve saber ao concluir o curso. Segundo Zabala e Arnau (2010, p. 50), a competência "[...] oferece um parâmetro fiel para poder ver o grau de compreensão que as ações humanas devem ter ao situar o valor do conhecimento, da habilidade e da atitude em função das necessidades que as pessoas devem responder".

Com a dinâmica da globalização, regida pelos mercados abertos, os movimentos educacionais defendem que os sistemas pedagógicos devem abraçar o desenvolvimento integral das pessoas. A sala de aula invertida pode ser uma metodologia que auxilia na promoção do desenvolvimento das competências, visto que, diferentemente do modelo tradicional, que prioriza o saber, ela engloba conteúdos atitudinais e procedimentais.

A exploração em torno de um conteúdo pode ser descrita como (HOPER EDUCAÇÃO, 2015 *apud* OLIVEIRA, 2016, p. 70):

- **Exploração do conceito:** a porção que comporta a instrução direta – acesso ao conteúdo de base, e que o aluno deve completar antes do momento em sala, com o professor e os colegas, mediante a utilização de vídeo, áudio, texto, *site*, etc.
- **Construção de significados:** realizada em tempos e espaços definidos segundo as preferências dos estudantes e do professor e a adequação dos recursos ao tema/atividade. Podem ser trabalhados por meio de grupos de discussão, exercícios, *blog* etc.
- **Demonstração:** aplicação ocorre nos momentos em que professor e alunos estão reunidos, na sala de aula, em laboratórios ou outros espaços. Apresentam-se as resoluções de problemas, desenvolvimentos de projetos, apresentações, exercícios.

Na sala de aula invertida, os processos de ensino e de aprendizagem ocorrem mediante a apresentação do conteúdo por meio de recursos tecnológicos disponíveis, que introduzem situações-problema condizentes com a realidade. Verifica-se que o estudante aprende a conviver e a resolver situações reais do seu ambiente de trabalho, tornando-se mais preparado para o mundo e para a sociedade.

A abordagem inicial do processo é o estudo prévio. Os materiais para o estudo e a maior parte das estratégias implantadas são disponibilizados *on-line* e por vídeos.

No entanto, pode incluir o apoio de textos, *games*, áudios e outros recursos disponibilizados pelo docente no ambiente virtual de aprendizagem.

O contato antecipado com o material apresenta diversos pontos positivos, entre os quais está o fato de o estudante trabalhar no seu ritmo e tentar desenvolver o máximo de compreensão possível, pois permite o acesso e a dedicação aos conteúdos que apresentarem maior dificuldade. Por conseguinte, desenvolve a autonomia dos alunos, uma vez que proporciona o gerenciamento da evolução da aprendizagem.

A prática do estudo prévio modifica a dinâmica da sala de aula, visto que a aquisição antecipada do conteúdo torna o estudante mais bem preparado e, portanto, mais participativo nas discussões e nos debates. Aos docentes, recomenda-se incentivar a prática de estudar antes das aulas presenciais, estimulando nos alunos o hábito de estudar permanentemente e enfrentar suas dificuldades de aprendizagem.

Em sala, o docente aprofunda a aprendizagem com atividades complementares para aplicações práticas dos conceitos aprendidos, estimula as discussões e esclarece dúvidas. As regras básicas para inverter a sala de aula, segundo o *Flipped classroom field guide* ([2013?], p. 86), são:

1. as atividades em sala de aula envolvem uma quantidade significativa de questionamento, resolução de problemas e de outras atividades de aprendizagem ativa, obrigando o aluno a recuperar, aplicar e ampliar o material aprendido *on-line*;
2. os alunos recebem *feedback* imediatamente após a realização das atividades presenciais;
3. os alunos são incentivados a participar das atividades *on-line* e das presenciais, sendo que elas são computadas em sua avaliação formal, ou seja, valem nota;
4. tanto o material a ser utilizado *on-line* quanto os ambientes de aprendizagem em sala de aula são altamente estruturados e bem-planejados.

Em sala de aula, devem ser propostas atividades que incentivem as trocas sociais entre os pares, pois são aspectos fundamentais dos processos de ensino e de aprendizagem, os quais a sala de aula tradicional não incentiva (VALENTE, 2014). Segundo Freire (1996, p. 25):

> É nesse sentido que ensinar não é transferir conhecimentos, conteúdos, nem formar é ação pela qual o sujeito criador dá forma, estilo ou alma a um corpo indeciso e acomodado. Não há docência sem discência, as duas se explicam e seus sujeitos, apesar das diferenças que os conotam, não se reduzem a condição de objeto, um do outro. Quem ensina aprende ao ensinar e quem aprende ensina ao aprender.

Nas atividades em sala, o docente explicita os objetivos a serem atingidos e propõe atividades que sejam coerentes e proporcionem aos alunos o desenvolvimento de uma aprendizagem significativa. Para tanto, recomenda-se criar diferentes propostas metodológicas, a fim de atender os diversos tipos de estudantes. O trabalho cognitivo, que envolve aplicação, análise, síntese, significação e avaliação do conhecimento, ocorre em sala de aula, local em que os alunos recebem o apoio do coletivo e do preceptor.

É fundamental que os estudantes recebam *feedback* das ações que realizam, a fim de corrigir concepções equivocadas ou ainda mal elaboradas. O *feedback* orienta os alunos a aprender e a avaliar a sua própria compreensão da aprendizagem, instigando-os a assumirem a responsabilidade por sua própria aprendizagem. Isso permite aos docentes um melhor direcionamento, visto que conseguem conferir quais são as dificuldades dos estudantes, se estão apreensivos e quais conceitos dominam com propriedade.

Zeferino, Domingues e Amaral (2007) corroboram a afirmação de que a prática de dar e receber *feedback* melhora os resultados da aprendizagem por parte dos alunos, pois autodireciona e proporciona automaticamente a autorreflexão sobre seu comportamento de forma crítica. Assim, o *feedback* está relacionado com o desenvolvimento de competências do estudante.

A metodologia tem alcançado resultados positivos, com impacto na aprendizagem e na participação ativa dos estudantes, sendo disseminada em instituições como Harvard e Massachusetts Institute of Technology (MIT) (VALENTE, 2014). De acordo com Oliveira (2016), no Brasil, entre os adeptos da *flipped classroom*, estão a Universidade Federal de Itajubá, o Instituto Singularidades, a Faculdade de Educação de Bom Despacho e a UniAmérica.

A UniAmérica reestruturou sua abordagem pedagógica de acordo com as metodologias de ensino baseadas em projetos e na sala de aula invertida. Foi reformulada sem divisão por séries e sem currículo organizado por disciplinas. Com isso, o tempo em sala de aula é utilizado para que os componentes curriculares sejam discutidos com profundidade, bem como para a realização dos projetos do semestre.

No modelo da UniAmérica, habilidades como liderança, espírito colaborativo, pensamento crítico, tomada de decisões, técnicas de estudo e outras competências são trabalhadas como temas transversais que permeiam todas as atividades realizadas. Com tais características, oportuniza-se aos docentes o acompanhamento do desenvolvimento das competências tanto cognitivas quanto socioemocionais de seus alunos.

Com o foco da sala de aula invertida, no processo de implantação na referida instituição, constatou-se que alguns aspectos merecem ser destacados. O estudante, como principal ator do modelo, apresentou-se muitas vezes não preparado para aprender como protagonista. No entanto, em geral, a maioria dos estudantes assimilou bem o novo modelo pedagógico, realizando as atividades prévias e participando das atividades de sala. Todavia, ainda não foi possível desvencilhar-se da atribuição de notas como fator de incentivo para a realização das atividades.

A explicação reside na cultura educacional brasileira, pois, costumeiramente, aprender significa ser um receptor passivo das informações que são fornecidas. Desvencilhar-se da postura passiva requer a quebra de paradigmas, visando a uma formação como seres ativos, críticos e participantes do contexto social. Assim, alguns estudantes mudaram a postura passiva e se tornaram mais participativos e autônomos no processo de aprendizagem, ao passo que outros optaram pela transferência por não se adaptarem ao modelo, que requer protagonismo.

Os docentes compartilham dessa postura, pois sua formação teve como base uma abordagem tradicional e estão acostumados a "depositar" o conhecimento nos estudantes. O professor precisa se apropriar dos conceitos contemplados na proposta, cujos princípios da interdisciplinaridade e da flexibilização estão continuamente presentes, para desenvolver um modelo de aprendizagem colaborativa. A instituição disponibilizou aos docentes um curso de pós-graduação (MBA) em gestão da aprendizagem, como espaço para a compreensão e a discussão dos preceitos da sala de aula invertida.

Outra adversidade encontrada é o perfil dos estudantes. Os diferentes nivelamentos, conhecimentos prévios, hábitos de leitura e administração do tempo influenciam, muitas vezes, no resultado esperado para a aprendizagem. Diante dessas circunstâncias, a instituição passou a pensar, além do desenvolvimento de competências profissionais, em competências pessoais. Assim, ofereceu aos estudantes aulas sobre leitura textual, administração de tempo, gestão financeira, projeto de vida, entre outros.

Entretanto, independentemente das dificuldades vivenciadas pelos atores envolvidos no processo de mudança, identificaram-se melhorias que merecem ser debatidas. A inversão da sala aproximou o ensino dos estudantes, uma vez que o acesso à internet e a outros recursos digitais aumentou os processos participativos de aprendizagem, em virtude de melhorar a comunicação entre os docentes e acadêmicos.

Outro destaque foi que a sala invertida proporcionou para os acadêmicos a oportunidade de superarem dificuldades e falta de tempo. A postura do docente em sala é focada na socialização de saberes e na atenção para as dificuldades e informações equivocadas. A falta de tempo conseguiu ser administrada pelos próprios estudantes, que, pelo acesso ao ambiente virtual, passaram a estudar os conteúdos em pequenos intervalos diários.

Para os docentes, isso possibilitou a construção de relacionamentos diferenciados com os alunos, modificou o gerenciamento da organização da sala e os motivou a se arriscarem em inovações pedagógicas. Tais pontuações contribuíram para reflexões dos processos de ensino e de aprendizagem, respondendo à demanda pela necessidade do desenvolvimento de competências.

Considera-se fundamental que os docentes conheçam diferentes propostas de metodologias relacionadas às práticas de ensino e de aprendizagem. A sala de aula invertida exige competências fundamentais da sociedade atual, muitas vezes não incentivadas na metodologia tradicional (BARBOSA; BARCELOS; BATISTA, 2015). Diante desse cenário, é preciso refletir, oportunizar e implantar metodologias que permitam descentralizar o docente e inserir os alunos como atores principais no processo de aprendizagem. Segundo Vygotsky (1987), o desenvolvimento cognitivo do estudante ocorre por meio da interação social com outros indivíduos e com o meio. O docente insere problemas da realidade e direciona os estudantes a uma prática atuante, crítica e reflexiva, auxiliando-os e preparando-os para o exercício profissional com consciência sobre suas competências e seu papel na sociedade.

REFERÊNCIAS

BARBOSA, M. F.; BARCELOS, G. T.; BATISTA, S. C. F. Sala de aula invertida: caracterização e reflexões. *In*: CONGRESSO INTEGRADO DE TECNOLOGIA DA INFORMAÇÃO, 8., 2015, Campos dos Goytacazes. *Anais* [...] Campos dos Goytacazes: Essentia, 2015.

BARDAGI, M.; HUTZ, C. S. Evasão universitária e serviços de apoio ao estudante: uma breve revisão da literatura brasileira. *Psicologia Revista*, v. 14, n. 2, p. 279-301, 2014.

BERGMANN J; SAMS A. *Sala de aula invertida*: uma metodologia de aprendizagem. Rio de Janeiro: LTC, 2016.

CINTRA, J. C. A. *Reinventando a aula expositiva*. São Carlos: Compacta, 2012.

FLIPPED classroom field guide. [2013?]. Disponível em: https://docs.google.com/document/d/1arP1QAkSyVcxKYXgTJWCrJf02NdephTVGQltsw-S1fQ/pub#id.suagqb7wve21. Acesso em: 26 ago. 2019.

FREIRE, P. *Pedagogia da autonomia*: saberes necessários à prática educativa. 2. ed. São Paulo: Paz e Terra, 1996. (Leitura.)

MORAN, J. Mudando a educação com metodologias ativas. *In*: SOUZA, C. A.; MORALES, O. E. T. (org.). *Convergências midiáticas, educação e cidadania*: aproximações jovens. Ponta Grossa: UEPG/PROEX, 2015. p. 15-33. (Mídias Contemporâneas, 2.)

NATURE index tables. *Nature*, v. 522, p. S34-S44, 2015. Disponível em: http://www.nature.com/nature/journal/v522/n7556_supp/full/522S34a.html#t1. Acesso em: 26 ago. 2019.

OLIVEIRA, E. M. P. Docência em direito e a "sala de aula invertida" como opção metodológica ativa. *Evidência*, v. 12, n. 12, p. 59-77, 2016.

VALENTE, J. A. *Blended learning* e as mudanças no ensino superior: a proposta da sala de aula invertida. *Educar em Revista*, n. 4, p. 79-97, 2014. Edição especial.

VYGOTSKY, L. S. *Pensamento e linguagem*. São Paulo: Martins Fontes, 1987.

ZABALA, A.; ARNAU, L. *Como aprender e ensinar competências*. Porto Alegre: Penso, 2010.

ZEFERINO, A. M. B.; DOMINGUES, R. C. L.; AMARAL, E. *Feedback* como estratégia de aprendizado no ensino médico. *Revista Brasileira de Educação Médica*, v. 31, n. 2, p. 176-179, 2007.

LEITURA RECOMENDADA

HOPER EDUCAÇÃO. Da flipped classroom à flipped learning. *Bússola Educacional*, 2015. Disponível em: https://www.hoper.com.br/single-post/2015/03/23/DA-FLIPPED-CLASSROOM-%-C3%80-FLIPPED-LEARNING. Acesso em: 26 ago. 2019.

4

Recursos didáticos e aprendizagem estudantil no ensino superior

Fátima Bergonsi

*Ensinar não é transferir conhecimento,
mas criar as possibilidades para
a sua própria produção ou a sua construção.*
Paulo Freire

A segunda década do século XXI marca os avanços didáticos e metodológicos na concepção da aprendizagem estudantil, permeados, principalmente, por avanços tecnológicos e processos educativos práticos e experimentais. Ao mesmo tempo, esse avanço requer dos docentes novas posturas nas ações educativas, valorizando a problematização e a resolução de situações reais que desafiem os estudantes, mobilizando-os na construção de aprendizagens.

As mudanças na educação básica transcorrem lentamente, e, no ensino superior, as resistências por inovações evidenciam-se de forma mais consistente, pois há tradição na academia, e seu rompimento é uma tarefa complexa. Assim, abordar a temática dos recursos didáticos e aprendizagem estudantil no ensino superior é um desafio, tanto para os docentes quanto para os estudantes.

A UniAmérica, desde 2014, implantou um conjunto de inovações didático-metodológicas que modificou a estrutura curricular, tanto nas práticas docentes como na organização da sala de aula. A finalidade dessa modificação era dinamizar o espaço de aprendizagem, estimular o aprofundamento dos estudos e incentivar a aplicabilidade em situações práticas e concretas, mediante a mediação docente. No começo, a proposta de mudanças encontrou resistências tanto por parte do corpo docente quanto do grupo estudantil, uma vez que desestruturava a forma de construir conhecimentos, que nem sempre tinha como resultado a aprendizagem. Romper com práticas docentes enraizadas e que valorizavam a reprodução e a memorização tornou-se o desafio para promover inovações pedagógicas, e o começo de tudo foi o investimento na formação docente.

A formação docente não tinha como orientação ensinar técnicas ou metodologias para serem replicadas em sala de aula. Focou-se, então, em repensar a forma de conceber o processo de aprender, valorizando os conhecimentos prévios e as informações acessadas antes da aula. O tempo da aula deveria contemplar a realização de desafios, a solução de problemas reais diagnosticados na sociedade e os aprofundamentos mediados pelo docente. A proposta tinha como finalidade habituar o aluno a estudar mais tempo e a ler um maior número de páginas por semana.

A tentativa trouxe maior comprometimento na organização do material por parte dos docentes, uma vez que os estudantes têm acesso a textos, vídeos e exercícios no ambiente de aprendizagem. Os docentes, então, passaram a elaborar um plano de aprendizagem semestral, no qual detalham o que será trabalhado em cada aula, para que os estudantes possam ler e ir preparados para a discussão e a resolução dos desafios.

A nova proposta metodológica valoriza os recursos tecnológicos, visto que fazem parte da vida cotidiana dos alunos. A conectividade dos estudantes facilita os processos de aprendizagem e requer dos docentes competências para explorá-las no contexto da construção de conhecimentos. Esse foi o desafio encontrado pelos docentes da instituição, que promoveram alterações tanto na forma de atuação em sala de aula quanto na condução dos processos educativos.

Almeida (2005, p. 17) reconhece que "[...] ser professor, na era do conhecimento, é ser um gestor: líder, motivador, pesquisador, questionador, inovador, criativo, equilibrado emocionalmente, humilde e ecologicamente consciente [...]". Tais prerrogativas docentes na contemporaneidade modificam o perfil de atuação em sala de aula, rompendo com a função docente tradicional.

Ao considerar os debates referentes à perspectiva andragógica ou da pedagogia de adultos, requer-se da prática docente um olhar amparado em cinco princípios básicos (LIMA, 2006; GIL, 2008):

1. **Conceito de aprendente:** o adulto é responsável pela sua aprendizagem com plena capacidade de autodesenvolvimento.
2. **Necessidade de conhecer:** os adultos sabem de sua necessidade de conhecimento e como colocá-lo em prática é o fator decisivo para seu comprometimento.
3. **Motivação para aprender:** as motivações externas como incremento salarial, promoções e boas notas são importantes, todavia, as motivações internas, tais como vontade pessoal de crescimento, autoestima e autoconfiança, são mais relevantes e decisivas para a aprendizagem do adulto.

4. **O papel da experiência:** as experiências prévias são decisivas para a disposição para a aprendizagem do adulto. Os recursos didáticos pedagógicos não são garantia para que se consiga despertar o interesse do aprendiz, antes devem ser considerados como fontes opcionais colocadas à livre disposição do aluno adulto.
5. **Prontidão para aprender:** o estudante adulto é pragmático, pois está pronto para aprender aquilo que decide, razão pela qual se nega a aprender o que lhe é imposto. Ademais, sua atenção diminui quando não percebe aplicação imediata do conhecimento e está pronto para aprender o que decide aprender.

Talvez um dos maiores desafios dos docentes seja encontrar a maneira de promover a aprendizagem significativa em adultos. Os jovens universitários do século XXI têm perfis diferenciados de aprender, devido à sua capacidade de acesso às informações. Roldão (2005) destaca que os docentes enfrentam dificuldades no exercício profissional, pois "professar um saber" e o "fazer outros se apropriarem de um saber" – ou melhor, "fazer aprender alguma coisa a alguém" – sem dúvida, exige habilidades que algumas décadas atrás não eram necessárias na carreira docente.

Ao considerar a natureza e o contexto da segunda década do século XXI, somados à necessidade de promover mudanças no ensino superior, lançou-se o desafio de reinventar modelos de aprendizagem. Desde então, muitos docentes abraçaram a causa, outros optaram pelo afastamento do projeto e uma parcela significativa de novos colegas chegou, em virtude das mudanças.

Com os estudantes não foi diferente, perdendo-os nos dois primeiros anos, mas recebendo transferências de outras instituições a partir de então, reforçando a convicção de que há acadêmicos interessados em estudar e aprofundar seus conhecimentos, vivenciando, na prática, a profissão, desde o início do curso. Os estudantes que entram na faculdade, em sua maioria, não aprenderam a estudar por conta própria durante os ensinos fundamental e médio, ao contrário, sempre esperaram os docentes ditarem o que deveriam fazer e responder.

O docente tem papel imprescindível na vida do estudante, como mediador, orientador e facilitador, auxiliando o indivíduo em sua jornada, na produção do conhecimento. Entretanto, o auxílio tem sido tal, que formou gerações de pessoas incapazes de buscar o conhecimento e que precisam de alguém as orientando no processo, pois não desenvolveram sua autonomia e, portanto, não são protagonistas da aprendizagem.

Na faculdade, há oportunidade de romper com o paradigma da transmissão e da decoreba, oportunizando aos estudantes a busca e a construção de seus conhecimentos. Contudo, desafiá-los a lerem textos, a assistirem a vídeos e a resolverem desafios antes de chegar à sala, para que fosse possível discutir e problematizar conteúdos com seus colegas e professores, era algo considerado inimaginável há três anos, porém com trabalho, formação e muita conversa, conseguimos avançar e mostrar aos estudantes que estudar com significado fará toda a diferença na atuação profissional.

No decorrer das aulas, percebeu-se o quanto os estudantes tinham resistências, mas, à medida que as aulas ocorreram, eles se tornaram protagonistas da aprendizagem, e acabaram buscando seu conhecimento mediado pelo docente, pelas tecnologias e pelo ambiente de aprendizagem. Assim, percebeu-se que, com autonomia, a aprendizagem é aprofundada e tem aplicabilidade. Os estudantes são desafiados a questionar, a participar, a analisar, a problematizar e a contribuir com seu conhecimento, ao passo que o docente não é mais o centro, mas sim um sujeito que faz a mediação do processo educativo. Conforme Debald (2016, p. 11), "o século XXI pode ser considerado um tempo peculiar nos processos de mudanças e transformações no campo da educação, pois vivemos novas experiências educativas e a sala de aula tornou-se o laboratório de estudos dos pesquisadores na área da educação".

Para comprovar o crescimento e o desenvolvimento dos estudantes, aplicamos um questionário para os diferentes cursos de graduação, no qual, basicamente, queríamos saber quais foram as aprendizagens e os desafios no primeiro semestre de 2016 em relação à nova metodologia. Aqui, utilizaremos nomes fictícios, a fim de salvaguardar a identidade dos depoentes.

Chico, estudante de enfermagem, assim se posicionou em relação à mudança pedagógica:

> A metodologia ativa de aprendizagem da faculdade me fez estudar mais, ter um horário diário para os estudos. Busco por conta própria novos conhecimentos, aprofundei-me mais nas temáticas apresentadas em cada semana, não estudo mais para tirar nota, e sim para aprender, consigo articular a teoria e a prática vendo como vai ser minha profissão. Os professores tiram as dúvidas e nos questionam muito, fazemos altos debates com os colegas, até fora da sala de aula.

A fala enfatiza a valorização do estudo, a articulação entre teoria e prática ao longo do curso, e não somente no estágio, além de oportunizar maior envolvimento com a produção do conhecimento. As metodologias apresentam técnicas de estudo, e os estudantes com dificuldades, a partir da utilização dessas técnicas, obtêm melhores resultados, tornando o ato de estudar mais eficaz.

Guto, do curso de ciências biológicas, entende que:

> [...] o protagonismo estudantil mostra que o estudante deve ter "sede por estudos", algo que seja considerado mais do que apenas conteúdo para provas, mas também algo que somará para a vida em todos os âmbitos, porque, afinal, conhecimento nunca é demais.

Na cidade, os estudantes rotularam a faculdade como um lugar onde é preciso estudar para passar. Soma-se a isso a ideia do aprender fazendo, valorizando a aplicabilidade do conhecimento.

Vivi, estudante de pedagogia, destacou que:

> Depois de tanto tempo sem estudar, entrar na faculdade e me deparar com estudo independente foi assustador. Mas, com o passar dos dias, comecei a acreditar que eu podia e ia conseguir, pois estou abrindo minha mente. Já estou bastante segura e aprendi que tenho muito a crescer, mas vou vencer sendo organizadora da minha aprendizagem.

Kaio, estudante de nutrição, posicionou-se quanto à nova metodologia da seguinte forma:

> Aprendi a estudar, achava que sabia, mas não sabia; era ilusão. Percebi que cada dia tinha um desempenho melhor na aprendizagem, sabia discutir com meus colegas e docentes. Assim, comecei a gostar de ler e estudar antes de chegar à faculdade, para poder argumentar mais com a turma. Vejo que, quando o estudante passa a entender a matéria, passa a gostar, tem motivação e interesse.

O estudo prévio é marca da nova metodologia e necessita de, pelo menos, dez horas de estudo semanais. Dessa forma, o estudante irá à aula mais bem preparado, e o docente poderá explorar o aprofundamento do componente curricular em discussão.

Paty, estudante de história, destacou que:

> Nesse período, desenvolvi muitas habilidades e aprendi a utilizar quase todos os estilos de aprendizagem; antes usava somente o auditivo e o visual. Aqui, aprendemos de maneira diferente, levamos o conhecimento para nossa futura profissão. Não temos vergonha de dizer que não sabemos. Vamos, em cooperação, buscar soluções e aprofundamentos nos estudos. Pretendo, daqui para a frente, organizar meu horário de estudo para pesquisar e ser a diferença na minha área de formação. Outro ponto forte foi que aprendi a interagir mais com as pessoas, sanar dúvidas, ampliar a visão sobre o que estou estudando, solicito mais orientações aos docentes, realizo muitas anotações, resumos, esquemas, mapas mentais, organizo meus materiais de estudo, de forma que fique bom para minha rentabilidade. Enfim, estou feliz de estar em um curso em que preciso ser protagonista da aprendizagem e do conhecimento.

Aprender e aproveitar todas as potencialidades no momento do estudo foi um dos resultados destacados pela aluna, demonstrando que o acompanhamento mais próximo do estudante contribui para melhorar a produção de conhecimentos. A maior participação do docente na produção do conhecimento é elemento destacado no modelo pedagógico. Para Fava (2016, p. 346),

> O profissional da educação 3.0 deve ser capaz de propor soluções que sejam não apenas tecnicamente precisas mas considerem os problemas, abnormidades, anomalias em sua totalidade, na inserção de uma cadeia de causa e efeitos de múltiplos aspectos e dimensões.

Tassi, estudante de engenharia, referiu-se ao modelo pedagógico da UniAmérica da seguinte forma:

> Proporcionou-me o crescimento como pessoa e acadêmico, pois consigo me organizar em todos os sentidos, coisa que não sabia; sou mais objetiva e concentrada, responsável; criei rotina de estudo, que me favorece no dia a dia. Consegui me identificar mais naquilo que gosto e vencer o medo das tecnologias.

No entendimento da entrevistada, o aproveitamento do tempo foi o ganho mais significativo e que está fazendo a diferença em seus estudos, direcionando-a ao que realmente é importante para o exercício profissional.

Lucca, acadêmico de biomedicina, destaca o seguinte:

> O que mais me impressionou foram as disciplinas que não eram conhecidas como técnicas de estudo, que podem até parecer meio óbvias, como manter o ambiente de estudo sempre limpo e organizado, ou procurar retirar toda a distração do quarto ou escritório. O óbvio, às vezes, é tão óbvio, que não é percebido e, por isso, faz com que o aluno se pergunte por que não consegue ser bem-sucedido em seus estudos. Para aqueles que chegaram à universidade com um conhecimento precário, as técnicas de estudo podem auxiliar a reverter a situação, basta, muitas vezes, força de vontade. Todos podem ser autodidatas, basta saber estudar e como estudar.

Mais uma vez, a organização do tempo de estudos foi destacada como um fator fundamental para a produção do conhecimento, pois, com organização e planejamento, os alunos conseguem alcançar a meta de estudos semanal fora da instituição.

É possível verificar que os estudantes que não tinham hábito de estudo conseguiram criar uma rotina para o seu desenvolvimento pessoal e profissional, por meio de interesse e esforço, criando um ambiente agradável de aprendizagem, com acesso à plataforma com muitos conteúdos e as bibliotecas virtual e física, além de realizar pesquisas, diálogo e reflexão entre os pares e com a mediação docente.

A metodologia ativa de aprendizagem estimula os estudantes no desenvolvimento de suas habilidades por meio de atividades que geram problematização e contextualização, com práticas articuladas com a teoria e vivência de situações do cotidiano, e, sobretudo, orienta os alunos para o protagonismo estudantil. Outro aspecto a se considerar é identificar os estilos de aprendizagem e o desenvolvimento de técnicas e atividades didático-pedagógicas, mantendo o foco na aprendizagem e motivando os estudantes para enfrentarem os desafios da vida. Pimenta e Anastasiou (2002) compreendem que a docência universitária requer metodologias pautadas na construção e na produção de conhecimentos pelo processo de valorização da relação entre docentes e estudantes.

Mariane, estudante de psicologia, entende que:

> As metodologias ativas da UniAmérica trouxeram inovação imensurável para a educação do nosso país, que, com o passar do tempo, terá muitas adaptações necessárias. A metodologia nos proporciona o desenvolvimento pessoal e profissional crítico e comprometido com os avanços da educação, saúde e demais aspectos do nosso país. Lidamos com problemas reais, fazemos nossos horários de estudos individuais, somos protagonistas das nossas aprendizagens. A princípio, as mudanças foram impactantes, mas agora, são reais.

A entrevistada valoriza a aprendizagem e a forma como se trabalha na instituição. Para Anastasiou e Alves (2005, p. 15),

> O envolvimento dos sujeitos, em sua totalidade, é fundamental. Além do o quê e do como, pela ensinagem, deve-se possibilitar o pensar, situação em que o aluno possa reelaborar as relações dos conteúdos, por meio dos aspectos que se determinam e se condicionam mutuamente, numa ação do professor e aluno, com ações e níveis de responsabilidade próprias e específicas.

Lipe, estudante de psicologia, crê que a metodologia implantada na faculdade

> [...] é uma ruptura aos métodos tradicionais, uma inovação que gerará profissionais competentes e qualificados. Como todas as inovações, não está em sua última versão, e, sob nosso ponto de vista, nunca deverá estar, pois o constante desenvolvimento e as atualizações é que trarão melhorias para a sociedade na qual vivemos: dinâmica, rápida em sua expansão de horizonte. A partir da formação nesse modelo de aprendizagem, faço parte daqueles que contribuíram para a alteração da sociedade, direcionando-me para o futuro cada vez melhor.

Acredita-se que a procura pela faculdade seja em virtude de a formação ser voltada para a prática e a vivência profissional, desde o começo do curso superior. A resolução de problemas reais, desafiadores, motiva os alunos a estudarem cada vez mais e com maior propriedade.

Cuca, estudante de educação física, adepto às práticas esportivas, entende que

> [...] a metodologia deixa o estudante muito motivado em relação ao futuro; sinto que não há só preocupação com a formação profissional, mas também com a pessoal, e isso faz toda a diferença. Os projetos integradores nos colocam em contato direto com as experiências reais, então, logo no começo, já temos a noção de como é resolver conflitos, fazer pesquisa e trabalhar em equipes. O que mais motiva são os projetos integradores que beneficiarão pessoas. As dinâmicas de grupo, atividades em sala e leitura prévia realmente ajudam a fixar o conteúdo e a ampliar nossos conhecimentos.

Masetto (2005, p. 75) corrobora o pensamento do entrevistado:

> Na medida em que o docente assume seu papel de mediador da aprendizagem e os aprendizes como sujeitos do processo, suas ações participativas, o trabalho em equipe responde às expectativas e necessidades com troca de experiências, cria--se um clima de segurança e abertura para críticas e pensamentos divergentes.

As metodologias ativas contribuem para a formação dos estudantes, mas também desafiam os docentes a romperem com os métodos tradicionais e a mudarem sua postura em relação à aprendizagem, uma vez que estudantes e docentes são sujeitos ativos, e a parceria produzirá conhecimentos.

Romper com os paradigmas tradicionais é um desafio tanto do docente quanto do estudante, principalmente se estamos inseridos em contextos nos quais as transformações educacionais são mais visíveis e em curso. A proposta da metodologia ativa é contribuir para a formação de um profissional que tenha domínio do conhecimento científico da sua área de formação e a prática do saber fazer e do saber ser em uma sociedade em que o novo assusta, mas, ao mesmo tempo, tem espaço. O ensino superior vive um momento propício para promover transformações, e cabe aos docentes ousarem em sala de aula, rompendo com práticas enraizadas.

Por fim, a utilização de recursos didáticos inovadores em sala de aula pelos docentes, na segunda década do século XXI, deve servir para melhorar a aprendizagem e facilitar a construção de conhecimentos. A inovação na educação não se restringe a repetir fórmulas inovadoras, mas sim deve-se fazer o estudante pensar, refletir e desenvolver-se como pessoa e profissional.

REFERÊNCIAS

ALMEIDA, S. P. *Aula 10*: dicas, estratégia, gestão e sucesso para o professor profissional. São Paulo: NT, 2005.

ANASTASIOU, L. G. C.; ALVES, L. P. (org.). *Processos de ensinagem na universidade*: pressupostos para as estratégias de trabalho em aula. 5. ed. Joinville: Univille, 2005.

DEBALD, B. S. *et al. Educação além da escola.* Curitiba: Íthala, 2016. Publicação do projeto Cidadania e Humanização: educando criança de valor.

FAVA, R. *Educação para o século XXI*: a era do indivíduo digital. São Paulo: Saraiva, 2016.

GIL, A. C. *Didática do ensino superior.* São Paulo: Atlas, 2008.

LIMA, A. A. *Andragogia*: a aprendizagem nos adultos. 2006. Publicação do Grupo Empresarial ADM.

MASETTO, M. T. *Competência pedagógica do professor universitário.* São Paulo: Summus, 2005.

PIMENTA, S. G., ANASTASIOU, L. G C. *Docência no ensino superior.* São Paulo: Cortez, 2002.

ROLDÃO, M. C. Profissionalidade docente em análise: especificidades dos ensinos superior e não superior. *Nuances*: estudos sobre educação, ano 11, n. 13, p. 108-126, 2005.

5
Estudantes aprendem fazendo com significado

Maurícia Cristina de Lima

Maria José Clapis

*O principal objetivo da educação
é criar pessoas capazes de fazer coisas novas
e não simplesmente repetir o que as outras gerações fizeram.*
Jean Piaget

Os conceitos atribuídos ao *aprender com significado* utilizados quando se discute ensino e aprendizagem nem sempre têm exatidão na representação. Assim, este capítulo discute conceitos, propõe subsídios para reflexão, argumentação e, concomitantemente, evidencia a potencialidade de os estudantes aprenderem com significado.

Aprender indica desafiar-se a enfrentar o desconhecido. O aprender fazendo com significado é um processo educativo, intimamente relacionado com o contexto social, os cenários, os agentes envolvidos e o conhecimento prévio do aprendiz. Ressalta-se a importância da compreensão do fenômeno educativo a partir da construção do significado como método de ensino, aprendizagem e avaliação, os quais têm variações, conforme suas finalidades (VALADARES, 2011).

O conceito do aprender fazendo com significado tem sua origem com David Ausubel (1963, 1968) e, mais adiante, com Novak e Gowin (1984, 1988, 1996), sendo associado às teorias cognitivista/construtivista/significativa, que estão além de um conceito basicamente teórico. Para Ausubel (1968), a aprendizagem significativa enfatiza a aprendizagem cognitiva, processo pelo qual o novo conhecimento se articula com determinada estrutura cognitiva prévia, definida como "subsunçora".

Os subsunçores são conceitos ou ideias previamente existentes na estrutura cognitiva do aprendiz que possibilitam fazer a "ancoragem" de novas informações e a interação destas com aquilo que a pessoa já conhece. A palavra "ancoragem" é uma metáfora, visto que, nessa interação, o "ancoradouro" também se modifica (MOREIRA, 2009). Assim, o que é articulado e incorporado à estrutura cognitiva é a essência do novo conhecimento, das novas ideias, e não as palavras precisas utilizadas para explicá-las, priorizando saber como o sujeito conhece, organiza e constrói seu conhecimento (GOMES *et al.*, 2010).

O conhecimento prévio do sujeito serve como base para inclusão, compreensão e retenção de novos aprendizados, desde que, potencialmente, significativos ou relevantes. Ao se defrontar com o novo aprendizado, o estudante entra em uma condição de oscilação, pois o seu conhecimento prévio, que até então lhe permitia explicar os fatos, agora é questionado. No decorrer do desenvolvimento humano, adquirimos informações e conhecimentos desde a infância e atribuímos a eles significados que, quando acumulados e relacionados, nos dão a "visão de mundo" (MELLO; ALVES; LEMOS, 2014).

Ao questionar por que ampliar o conhecimento prévio sobre determinado assunto, o qual envolverá mudanças de valores, significados e conceitos que até então haviam demonstrado sua utilidade, pretendemos ter maior compreensão da temática em estudo. Assim, ao testar as próprias capacidades, gera-se o enfrentamento em relação à autoestima e à própria imagem frente às demais pessoas e grupos sociais (MANOEL, 2012). Nesse contexto, encontramos os primeiros desafios relativos ao entendimento e à construção do aprender com significado, com olhar sistêmico e integrado, superando a mecanização e a descontextualização da sua utilidade e aplicabilidade na vida real.

O pressuposto de que o conhecimento e a cognição se dão por interação implica afirmar que o indivíduo constrói seu entendimento participando ativamente da própria aprendizagem, mediante a experimentação, a pesquisa em grupo, o estímulo à dúvida, o acesso às tecnologias digitais e o desenvolvimento do raciocínio, entre outras estratégias, em vez de basicamente armazenar informações de forma passiva e arbitrária, sem que haja a reflexão do que é relevante aprender (PEREIRA, 2010).

Nessa estruturação, é importante criar uma avaliação do eixo conceitual e dos objetivos e estratégias de aprendizagem que serão trabalhados. Ao eleger um livro, por exemplo, ressalta-se os conceitos mais importantes, pois não há conteúdos em que tudo seja igualmente significativo. Existem problemas centrais, alguns intermediários e outros específicos ou irrelevantes.

Na área da saúde, por exemplo, é muito frequente os estudantes dos anos iniciais utilizarem a expressão: "o fulano é paralítico". No entanto, tal conhecimento prévio, mesmo não sendo utilizado tecnicamente, deve ser valorizado, pois, ao se buscar a origem da palavra "paralítico", encontraremos o seguinte significado: "portador de paralisia". Na teoria, sabemos que há classificação para a paralisia: monoplegia, paraplegia, tetraplegia, entre outras. E, quando colocamos o estudante em contato com diferentes deficiências, vivenciando-as na prática, o processo de aprendizagem é mais significativo, pois é vivencial, oportunizando interação dos professores com os acadêmicos.

O novo conhecimento adquire significado e o prévio fica mais claro, criando um gradiente de interação. O significado é associado a uma sensação boa, de um crescimento não só cognitivo, mas também afetivo, cujos pensamentos, sentimentos e ações estão integrados no ser humano (PINTO, 2014). Ressalta-se que a associação de significados não ocorre de forma instantânea, pois, ao longo do percurso, deparamo-nos com algumas inquietações, como: o fato de o professor "ensinar" algo a um estudante, o qual não percebe significado no que lhe é "ensinado"; o fato de o sujeito que aprende não se perceber como sujeito desse aprender, ou como agente de transformações sociais; o fato de os estudantes se mostrarem tão resistentes ao esforço pessoal, no sentido de aprender, e receptivos à memorização; o fato de se mostrarem, no convívio em sala de aula, altamente resistentes a discussões, a apresentar seus pontos de vista, explorar suas ideias e questionar (SOUZA; LOPES; SILVA, 2013).

Na tentativa de fazer algo para compreender as indagações vivenciadas, primeiro analisei o que é ensinar e, depois, questionei: o que é aprender fazendo com significado para os estudantes do ensino superior em saúde? A simples pergunta remeteu a experiências captadas pela escrita e a fala dos estudantes, que perceberam e propuseram reflexões sobre o processo de aprender. As análises de algumas respostas foram agrupadas em categorias que expõem a essência e o sentido do aprender com significado dado pelos estudantes, conforme a seguir:

Grande categoria	Exemplos de expressões sintéticas do que é aprender pelos alunos
Sentido do aprender fazendo com significado...	... é saber falar, fazer, explicar, gostar. ... é entender, compreender, meditar, observar, treinar, praticar, sentir, interessar, imaginar.

A seguir, observe algumas expressões que os estudantes mencionaram em relação ao aprender fazendo com significado:

> Sei que aprendi quando consigo fazer as atividades que o professor orientou. Se eu explicar para alguém, aprendi, se não souber explicar, eu não aprendi. (E3)
>
> Vou lendo e imaginando, sei que não entendi quando não consigo imaginar nada, pois não tem nada que eu conheça que possa falar sobre aquilo. (E5)
>
> Têm coisas que me interessam e outras nem tenho vontade de conhecer, pois são muito complicadas. (E8)
>
> O gostar está relacionado ao que interessa, ao que se pratica. (E11)
>
> Eu aprendo quando consigo fazer e ver para que serve o que estou aprendendo. (E15)
>
> Os conteúdos que são difíceis de aprender, eu costumo decorar. Decoro, chego na prova, faço a prova e, depois da prova, esqueço tudo. (E17)

O aprender, na visão de decorar, é dado pelo estudante como uma forma de estudar, conseguir realizar as atividades propostas e atingir o que se deseja: tirar uma boa nota e ser aprovado. Entretanto, o decorar traduz-se também em um sentido de aprender de forma mecânica, sendo o mais aplicado nas escolas; no entanto, não requer compreensão. Já o estudante que articula a aplicabilidade do aprendizado com reflexão e ação relata que aprender envolve pesquisar, observar, praticar, imaginar... (MOREIRA, 2012).

Assim, quando o objetivo proposto pela atividade não demonstra uma conexão com as necessidades daquele que aprende e não está relacionado às finalidades correspondentes, conduz a um enfoque superficial, visto que a tarefa é encarada como imposição externa. O que se utiliza, então, é a memorização da informação, necessária para provas (MELO; ALVES; LEMOS, 2014).

Cabe, portanto, salientar que aprendizagem significativa e aprendizagem mecânica não constituem uma dicotomia, há entre elas uma "zona cinza" ou "zona intermediária". Um ensino potencialmente significativo pode auxiliar muito o aluno, favorecendo seu caminho da zona intermediária em direção a uma aprendizagem mais significativa. Na prática, em geral, a aprendizagem não é totalmente mecânica ou totalmente significativa, mas pode estar mais perto de um desses extremos. No entanto, encontramos expressões de alguns alunos que se aproximam de um conhecimento potencialmente significativo e que estão muito próximos da aprendizagem significativa, tais como:

> Simplesmente ter conteúdos e não saber fazer nada com eles não é aprender com significado. (E31)
>
> Quando cheguei na faculdade, parecia que nunca tinha ouvido falar nada sobre o que lia e escutava, [...] estava completamente perdido, [...] porém, no terceiro dia, quando fomos orientados a escrever uma história de alguém que tivesse sofrido algum tipo de acidente onde tivesse quebrado algum osso, escrevi sobre meu próprio pai, que tinha caído de moto e quebrado a perna, [...] passando, assim, a me interessar pelo assunto e me envolver em querer saber mais, [...] foi onde vi o que é começar a aprender com significado [...]. (E35)
>
> Comecei a ver que estou aprendendo com significado quando aplicamos uma técnica no projeto integrador em pacientes gestantes que tinham dor lombar, e todas relataram melhora após o tratamento, [...] então vi que realmente posso melhorar a vida dos pacientes, mas só passei a compreender isso depois que entendi os efeitos fisiológicos da técnica. (E32)
>
> Quando tive que construir uma maquete foi muito trabalhoso, mas tive que ver várias vezes a mesma imagem para tentar entender como iria fazer. Isso me ajudou a ver como funciona o sistema nervoso central e como ele responde à dor, por exemplo. (E18)

> Quando busco aprender algo, [...] tento resolver as dúvidas para tentar entender. Leio, respiro, até medito, [...] assim vejo qual é a dúvida que vai aparecendo na mente, tento esclarecer, procurando o porquê de aprender aquilo, como fazer e para que fazer. É igual, por exemplo, quando a gente lê um livro que fala sobre aventura, ou experiência, [...] você vai se imaginando [...]. (E27)
>
> Aprendi muito quando me imaginei dentro do vaso sanguíneo em uma atividade que fizemos para entender o sistema circulatório; me senti como se fosse o sangue correndo dentro de uma artéria, depois dentro de uma veia, pois foi simulado pelos colegas em um corredor humano as diferenças entre esses vasos em situações normais e patológicas, até a formação da placa de ateroma e o infarto. [...] Tenho certeza de que entendi e não vou mais esquecer essa experiência [...]. (E19)
>
> Quando vamos fazer uma atividade em grupo e tem a ajuda de alguém que nos oriente, consigo falar o que estou tentando entender; [...] assim cada um lê e, depois, cada um coloca a sua ideia, aí depois a outra pessoa complementa; isso facilita o raciocínio sobre o assunto. (E22)
>
> [...] passei a entender os tipos de marcha ao seguir as orientações do professor, que nos colocou em diferentes locais da faculdade para observarmos como as pessoas caminham. [...] Depois, ao ler o texto, consegui enxergar e imaginar o que significava uma marcha com pés rodados externamente, joelhos valgos, joelhos varos, quadril em anteroversão, e assim por diante [...]. Então vejo significado em aprender os termos técnicos, pois agora sei como utilizá-los [...]. (E33)

O aprender, para os estudantes, é algo pragmático, que envolve visão de aprender e significa exercitar, praticar, ver. O conhecimento prático, quando carente de reflexões, afasta-se do entender e se aproxima do saber. No entanto, é um saber que supre as necessidades imediatas e não proporciona o aprender com significado.

Segundo Souza, Lopes e Silva (2013), uma pessoa pode atravessar a vida repetindo tarefas práticas com grandes habilidades sem, entretanto, mostrar progressos significativos no conhecimento. Portanto, quando o sujeito reflete, ele motiva e extrapola a percepção dos sentidos fisiológicos, de modo que percebe, por meio do pensamento, diversos aspectos do mundo e do outro, indo em direção à aprendizagem potencialmente significativa.

Mais do que um simples conceito atribuído à aprendizagem significativa, trata-se de um processo dinâmico, no qual o indivíduo elabora um modelo mental da nova informação e assimilação, construindo conceitos, proposições, ideias, eventos, objetos e sentimentos.

Entende-se que o conhecimento pode ser gerado de duas formas: linguística, a qual é significativa por natureza, incluindo a fala e a leitura; e de forma não linguística, que inclui imagens mentais e até mesmo sensações físicas, como cheiro, som, associação sinestésica, entre outras (MELO; ALVES; LEMOS, 2014).

No momento em que a mente não consegue assimilar determinada atividade, ela desiste ou se modifica. Se houver a modificação, ocorrerá a acomodação, uma reformulação da estrutura cognitiva preexistente, resultando em novas concepções de assimilação. Assim, a acomodação possibilita o desenvolvimento cognitivo e a aprendizagem (MANOEL, 2012). Em contrapartida, quando o desequilíbrio criado pela atividade for extremo, muito complexo ou sem aproximação de seus conhecimentos anteriores, do ponto de vista ausubeliano, não foram alterados os subsunçores existentes, e, do ponto de vista piagetiano, não foram criadas novas formas de assimilação. O estudante constrói esquemas ou mapas mentais relevantes ou significativos, que podem ser representados como o primeiro e precioso passo da conexão cognitiva, que conduz à metacognição almejada e configura a aprendizagem significativa (MOREIRA, 2012).

Portanto, o aprender fazendo com significado, pautado na reflexão, envolve um constante questionamento: "o que estou fazendo? Por que estou fazendo?". Entender o ato de aprender fazendo com significado, devido à sua complexidade, exige um estudo que ultrapassa os limites da cognição, do afetivo/emocional, social, cultural, das características únicas que cada ser humano tem e do seu prazer de aprender, o que nos coloca perplexos diante de tal diversidade.

Além disso, é preciso compreender que o ato de aprender se fortalece por fatores internos e externos, os quais estão intimamente ligados ao sujeito que aprende e ao estímulo que foi recebido. Daí, conclui-se que um bom vínculo precisa ser estabelecido pelo tripé: aluno, professor e estratégias metodológicas.

A verdadeira mudança conceitual de aprender fazendo com significado pode ainda não ter acontecido, mas, com certeza, estão sendo propostas alternativas nos processos de aprendizagem. Especificamente, a UniAmérica vem participando ampla e profundamente das discussões sobre ensino na área da saúde, tanto nos fóruns nacionais quanto internacionais, tendo na educação a grande alavanca para as mudanças da sociedade.

Em consonância com a concepção elaborada e no contexto dinâmico, apresento uma experiência de construção do projeto pedagógico do curso de fisioterapia da instituição. Primeiramente, pensou-se na percepção da multicausalidade física, mental e social, tanto individual como coletiva, do aprender com significado na área da saúde. Em tal construção, buscou-se compreender que as tradicionais segmentações em áreas e disciplinas não mais atendem às necessidades de reordenação do ensino, não cabendo mais a expressão "grades curriculares" para designar o conjunto de conhecimentos que constitui o currículo. Isso gerou mudanças significativas na organização curricular, uma vez que as disciplinas foram desenvolvidas de modo diferente, de acordo com as demandas dos projetos integradores semestrais, os quais foram propostos para o desenvolvimento das competências profissionais por meio de investigação e resolução de problemas reais.

A grande diferença em aprender com significado por meio de projetos, em relação aos modelos tradicionais, é que, no processo de investigação, os conteúdos necessários à solução dos problemas são articulados e integrados para o desenvolvimento desse processo. No curso de fisioterapia, por exemplo, pensou-se em um dos projetos integradores com o tema "dor e movimento humano". Nessa temática, os alunos propõem vários enfoques na área, prevenção e/ou melhora da dor na coluna vertebral de um indivíduo, ou grupo, com diagnósticos de lombalgia, hérnia de disco e outras disfunções, buscando meios que melhorem o problema.

A busca e o contato com a realidade profissional aumentam a motivação, a criatividade, a inovação e a cientificidade para estudar os conteúdos que envolvem a proposta, tais como: entender a função da coluna vertebral, seus músculos, articulações, entre outras estruturas, bem como seus movimentos normais, as patologias que a acometem e os tratamentos fisioterapêuticos que podem ser indicados e contraindicados. Em tal enfoque, o docente é o mediador do processo, ao passo que o estudante é o protagonista de sua aprendizagem.

Além disso, um projeto integrador poderá se tornar um projeto de extensão com ações contínuas que disseminam e agregam conhecimentos na área da saúde, gerando a inter, a multi e a transdisciplinaridade entre os cursos. Nessa busca, espera-se superar a simples utilização de serviços em saúde como mero campo de ensino para pensá-los como uma rede que pode ser fortalecida e articulada com todos os envolvidos, abrindo novos cenários para a aprendizagem significativa e a transformação da sociedade.

REFERÊNCIAS

AUSUBEL, D. P. *Educational psychology: a cognitive view.* New York: Holt, Rinehart and Winston, 1968.

AUSUBEL, D. P. *The psychology of meaningful verbal learning.* New York: Grune and Stratton, 1963.

GOMES, M. P. C. *et al.* O uso de metodologias ativas no ensino de graduação nas ciências sociais e da saúde: avaliação dos estudantes. *Ciência & Educação,* v. 16, n. 1, p. 181-198, 2010.

MANOEL, C. M. *A experiência multiprofissional e interdisciplinar da interação universidade serviços-comunidade*: o olhar e o trabalho do professor tutor. 2012. Tese (Doutorado em Saúde Coletiva) – Faculdade de Medicina de Botucatu, Universidade Estadual Paulista, Botucatu, 2012.

MELLO, C. C. B.; ALVES, R. O.; LEMOS, S. M. A. Metodologias de ensino e formação na área da saúde: revisão de literatura. *Revista CEFAC,* v. 16, n. 6, p. 2015-2028, 2014.

MOREIRA, M. A. *A teoria da aprendizagem significativa*: sua fundamentação e implementação. Coimbra: Almedina, 2009.

MOREIRA, M. A. *Mapas conceituais e aprendizagem significativa.* São Paulo: Centauro Editora, 2010.

MOREIRA, M. A. *Mapas conceituais e aprendizagem significativa.* Porto Alegre: UFRGS, 2012. Artigo originalmente publicado em 1997. Disponível em: https://www.if.ufrgs.br/~moreira/mapasport.pdf. Acesso em: 26 ago. 2019.

NOVAK, J. D.; GOWIN, D. B. *Aprender a aprender.* Lisboa: Plátano Edições Técnicas, 1996.

NOVAK, J. D.; GOWIN, D. B. *Aprendiendo a aprender.* Barcelona: Martínez Roca, 1988.

NOVAK, J. D.; GOWIN, D. B. *Learning how to learn.* Cambridge: Cambridge University Press, 1984.

PEREIRA, D. S. C. O ato de aprender e o sujeito que aprende. *Construção Psicopedagógica,* v. 18, n. 16, p. 112-128, 2010.

PINTO, P. S. R. *A formação de conceitos no ensino de graduação em enfermagem a luz da aprendizagem significativa.* 2014. Dissertação (Mestrado em Enfermagem) – Universidade Federal do Rio Grande do Norte, Natal, 2014.

SOUZA, M. V. L.; LOPES, E. S.; SILVA, L. L. Aprendizagem significativa na relação professor-aluno. *Revista de Ciências Humanas,* v. 13, n. 2, p. 407-420, 2013.

VALADARES, J. E. A teoria da aprendizagem significativa como teoria construtivista. *Aprendizagem Significativa em Revista,* v. 1, n. 1, p. 36-57, 2011.

LEITURAS RECOMENDADAS

AUSUBEL, D. P. *Aquisição e retenção de conhecimentos*: uma perspectiva cognitiva. Lisboa: Plátano Edições Técnicas, 2003.

CHIESA, A. M. *et al.* A formação de profissionais da saúde: aprendizagem significativa à luz da promoção da saúde. *Cogitare Enfermagem,* v. 12, n. 2, p. 236-240, 2007.

FREIRE, P. *Pedagogia da autonomia*: saberes necessários à prática educativa. 6. ed. Rio de Janeiro: Paz e Terra, 1997. (Leitura.)

PIAGET, J. *A equilibração das estruturas cognitivas*: problema central do desenvolvimento. Rio de Janeiro: Zahar, 1976.

6

A mediação docente e o protagonismo estudantil

Rutinéia de Fátima Micheletto

Um professor sempre afeta a eternidade.
Ele nunca saberá onde sua influência termina.
Joseph Addison

O avanço tecnológico oportunizou aos estudantes inúmeras possibilidades de obter os conteúdos necessários para a sua aprendizagem e, consequentemente, transformou a atuação docente, pois o professor deixou de ser o detentor do conhecimento e o responsável por transmitir o conteúdo, na forma de verdade, de maneira imposta, o que, antes, era o meio mais eficaz para assegurar a atenção dos alunos. A segunda década do século XXI requer novas posturas dos docentes, que passam de meros transmissores à função de mediadores, uma vez que o conhecimento é o resultado de trocas que se estabelecem na interação entre o meio (natural, social, cultural) e o sujeito. Assim, a relação pedagógica consiste no provimento das condições nas quais docentes e estudantes colaboram, em forma de trocas, gerando protagonismo e autonomia na construção do conhecimento.

O ambiente virtual proporcionou ao professor a versatilidade em atividades e recursos para a realização da mediação. Segundo Vygotsky (1991), "o único bom ensino é o que se adianta ao desenvolvimento. A aprendizagem impulsiona o desenvolvimento, este não acompanha aquele como uma sombra que acompanha o objeto que a projeta".

A distância entre o nível de desenvolvimento real, determinado por aquilo que o sujeito soluciona de forma independente, e o nível de desenvolvimento potencial, caracterizado pela solução de problemas orientados por um adulto ou em colaboração com outras pessoas com mais capacidade, é caracterizada por uma zona de desenvolvimento proximal (VYGOTSKY, 1991). Ao pensar um modelo educacional mais prático e interativo para os estudantes do ensino superior, percebeu-se que é possível obter um maior aprofundamento nos conhecimentos, tornando a aprendizagem mais significativa, uma vez que ela está inserida em contextos reais e próximos da vivência profissional.

Ao repensar a formação docente no século XXI, é preciso estar atento ao contexto de inovação metodológica em curso e às demandas profissionais. Atualmente, é impossível conceber a educação nos modelos das últimas décadas do século XX, visto que os tempos são outros, os estudantes são mais digitais e o currículo precisa considerar e contemplar tais avanços. Requer-se, então, um novo perfil de docente, qualificado e capaz de atuar em cenários que estão em transformação. Assim, a formação docente precisa olhar e explorar temáticas como: inteligência emocional e espiritual, liderança, preocupação com a justiça e com os direitos humanos, globalização, ecologia, tecnologia, criatividade (CUNHA, 2015).

A nova função docente exige foco na aprendizagem e conhecimento sobre as diversas maneiras de como se aprende nos cursos superiores, principalmente devido à infinidade de informações disponíveis virtualmente. A prática docente está se adaptando aos novos formatos de produzir conhecimentos, rompendo com a tradicional aula expositiva, propondo desafios e fazendo pensar, um contraponto em relação à reprodução e à memorização, formatos educativos vigentes no país. Segundo Freire (2011), refletir criticamente sobre a prática docente é obrigatório para que haja uma mudança no modo de ensinar, pois quem ensina acaba por aprender, assim como quem aprende acaba por ensinar algo a alguém. Nesse contexto, docentes e estudantes são fundamentais um ao outro e se complementam.

No contexto da transformação, recomenda-se analisar alguns aspectos que são importantes para a mediação efetiva da aprendizagem. De acordo com Moreira (2000), existem nove princípios facilitadores de uma aprendizagem significativa crítica:

1. perguntas, em vez de respostas;
2. diversidade de materiais;
3. aprendizagem pelo erro;
4. discente como preceptor representador;
5. consciência semântica;
6. incerteza do conhecimento;
7. "desaprendizagem";
8. conhecimento como linguagem;
9. diversidade de estratégias.

No método tradicional de ensino, o docente não proporciona estímulos, pois apresenta todo o conteúdo para o estudante. Assim, é preciso realizar desafios e questionamentos, de modo a propiciar aos estudantes a chance de fazer conexões com o que foi estudado, estimulando o protagonismo em busca de respostas e fortalecendo a aprendizagem e a habilidade de resolução de problemas.

Existe a necessidade de se utilizar a diversidade de materiais e recursos audiovisuais. Na segunda década do século XXI, o estudante tem menos tempo de concentração, e a aprendizagem ocorre por meio da imagem em movimento, seguida da imagem e, por último, do texto. Além disso, sabe-se que há estudantes que aprendem mais facilmente pelo auditivo, outros, pelo visual, e há também os que são táteis. Portanto, a diversidade de materiais tem o papel de facilitar a aprendizagem, proporcionando ao estudante diferentes experiências pessoais de aprendizagem, adequando-as às necessidades para a sua compreensão.

Utilizar a aprendizagem pelo erro permite traçar estratégias para a correção, de modo que a aprendizagem se torna mais significativa, principalmente se estiver diretamente ligada a exemplos práticos da atuação profissional. A utilização de competências pessoais e profissionais torna a aprendizagem mais efetiva, visto que são significativas para os estudantes, principalmente para aqueles que já estão em contato com a área de atuação, realizando estágio. A estreita relação de aplicabilidade dos conceitos estudados com a atuação profissional auxilia no processo de apropriação, tornando reais a aprendizagem e a aplicabilidade do que foi estudado em contextos da sociedade.

A representação da figura profissional do docente torna-se, então, importante para facilitar a aprendizagem do estudante, pois a experiência de vida e o aprofundamento da prática profissional consolidam a aprendizagem, sendo características importantes para a mediação docente. Com a evolução das técnicas e do acesso a dados e informações, promove-se diferentes descobertas, e as incertezas remetem ao campo da atualização. É preciso uma dose de desaprender, pois prender-se à metodologia de ensino até então utilizada pode acarretar obstáculos à aprendizagem de novas técnicas, procedimentos e intervenções, bem como influenciar a criatividade.

As estratégias diversificadas em sala não se referem às mudanças de quadro para *slides*, e sim à utilização de estratégias que proporcionem vivências próximas da realidade profissional e nas quais os estudantes sejam protagonistas, realizando a busca pelo conhecimento por meio das ferramentas orientadas pelo mediador. Desse modo, é preciso direcionar a aprendizagem à individualidade, pois os estudantes têm diferentes motivações ao escolherem o curso e características próprias, conforme o seu momento de desenvolvimento, bem como saberes elaborados nas suas condições de existência e que funcionam de forma integrada: as dimensões afetiva-cognitiva-motora estão imbricadas (MAHONEY; ALMEIDA, 2005).

Para uma aprendizagem efetiva, propõe-se o desenvolvimento completo, com dignidade, em todas as ocupações. Não é adequada uma especialização profissional sem cultura geral. O desenvolvimento das aptidões individuais exige primeiro orientação escolar e, depois, orientação profissional. Nesse contexto, o conhecimento teórico assume relevância, pois associa-se à sensibilidade, à curiosidade, à atenção, ao questionamento e à habilidade de observação do docente sobre o que se passa no processo de construção de aprendizagens. O conjunto cognitivo oferece funções que permitem a aquisição e a manutenção do conhecimento por meio de imagens, noções, ideias e representações. Assim, é possível registrar e rever o passado, fixar e analisar o presente e projetar futuros possíveis (MAHONEY; ALMEIDA, 2005).

O desafio das instituições é capacitar os docentes para que eles tenham condições de atuar em contextos inovadores de produção do conhecimento. Segundo Freire (2011), o papel do docente é estabelecer relações dialógicas de ensino e aprendizagem. Docente e estudante aprendem juntos, em um encontro democrático e afetivo, no qual há espaço para expressão mútua. Alves (2000, p. 5) complementa afirmando que "a função de um professor é instigar o estudante a ter gosto e vontade de aprender, de abraçar o conhecimento".

O processo de transformação na atuação do docente exige um profissional que tenha uma visão inovadora, aberta e que permita a relação horizontalizada com o estudante, estabelecendo formas democráticas de comunicação. Ou seja, um profissional que colabore para facilitar a aprendizagem do estudante, sempre direcionando-o e motivando-o.

Estudos sobre o processo de mediação docente *on-line* apresentam aspectos consideráveis à mediação em sala, processo que corresponde ao desenvolvimento de tarefas relacionadas à gestão e à execução da aprendizagem, visando a manter o estudante ativo, estimulando-o com interações e facilitando a condução da aprendizagem (GOZZI, 2012). A mediação, em contextos inovadores de educação, é essencial para promover aprendizagens centradas no estudante. Para Gerval (2007, p. 32-33),

> [...] é o processo de intervenção de um elemento intermediário em uma relação. A relação deixa de ser direta e passa a ser mediada por esse elemento. [...] os mediadores servem como meios pelos quais os indivíduos agem sobre os fatores sociais, culturais e históricos e, por sua vez, sofrem a ação desses fatores também. Assim, o indivíduo é visto como agente ativo em seu processo de desenvolvimento. [...] acreditamos que, dependendo da mediação pedagógica, poderá haver um incentivo para uma maior aprendizagem dos discentes ou não. O docente tem o papel explícito de interferir e provocar avanços que não ocorreriam sem a intervenção do docente.

Devido ao fato de que o método tradicional já não supre as expectativas e a atenção dos estudantes, há a necessidade de transformação dos modelos de ensino e de aprendizagem em instituições que ainda não iniciaram tal processo, devendo-se iniciá-lo o mais breve possível, para não comprometer a evolução da aprendizagem. Não é necessário que seja feito em sua totalidade, pode-se iniciar em algumas disciplinas, para melhor adaptação. No ensino universitário, a adequação é mais fácil, devido à maturidade, ao direcionamento e à especificidade da aprendizagem. Quando se tem a aprendizagem para aplicabilidade, o contato direto com os problemas reais e a atuação profissional, a adesão dos estudantes é maior, bem como a busca pelo conhecimento da temática para utilizar na resolução do problema.

Com estratégia, é possível adequar os conteúdos à competência necessária e, consequentemente, possibilitar a retirada de temáticas curriculares desnecessárias do plano pedagógico, acrescentando competências pessoais e profissionais indispensáveis à formação.

A adaptação é difícil para a instituição, principalmente para o corpo docente, pois a aprendizagem tradicional manteve-se com aulas expositivas. A quebra do paradigma causa desconforto, sendo necessárias a formação e a adaptação para que o docente se sinta seguro em promover a mudança no planejamento e na ação pedagógica.

Com a transformação do método, a mediação docente tem de ser motivadora, a fim de desenvolver a autonomia estudantil. Para tanto, é preciso direcionar o contexto de acordo com o perfil do estudante. A metodologia funciona melhor com turmas menores, com cerca de 40 pessoas, fator importante para que o docente possa conhecer suas características e desenvolver suas competências de acordo com os aspectos individuais de cada um. Assim, tem-se a personalização da aprendizagem, fortalecendo a motivação e o protagonismo estudantil.

Um exemplo de como proceder para a migração em termos metodológicos é a experiência vivenciada na UniAmérica, que, desde 2014, iniciou o processo de mudança de modelo, promovendo inovação no ensino superior e modificando a estrutura curricular, tanto na gestão acadêmica como nas práticas docentes.

A transição iniciou com dois cursos de graduação (ciências biológicas e farmácia), em que foram realizadas alterações na estrutura física das salas de aulas, a fim de facilitar a formação de grupos e promover as discussões entre os alunos; por exemplo, cadeiras tradicionais foram trocadas por cadeiras com rodas, para facilitar a locomoção, possibilitando atividades pedagógicas mais dinâmicas e lúdicas.

Na parte pedagógica, introduziu-se o projeto integrador, que consiste em propor aos estudantes um problema real da sociedade e pedir a eles que procurem solucioná-lo aplicando os conhecimentos desenvolvidos em sala de aula. Essa ação aproxima o estudante de problemáticas reais, direcionando-o para situações semelhantes aos conteúdos estudados, que devem ser retomados para se chegar à resolução do problema, independentemente da estratégia utilizada, como, por exemplo, *design thinking*.

Na segunda década do novo milênio, cada período do curso tem um tema de projeto integrador norteando o conteúdo que será inserido. O projeto tem como objetivo fornecer o conteúdo teórico básico para auxiliar os estudantes a resolver o problema até o fim do semestre, apresentando o produto (resolução do problema) e o artigo (descrição das ações realizadas, desde a fundamentação teórica até a conclusão), o que pode ser realizado na forma de mostra científica.

Os conteúdos são disponibilizados *on-line*, e os alunos realizam provas semanais, o que proporciona um estudo contínuo. O conteúdo consiste em unidades de aprendizagem, com a estrutura básica de: apresentação (qual o conteúdo), objetivos (objetivos de aprendizagem a serem alcançados no término do estudo da unidade), infográfico, desafio (pergunta desafiadora), conteúdo do livro (texto), vídeo, exercícios (questões de múltipla escolha para fixação) e saiba mais (textos, notícias e vídeos demostrando como o conteúdo está associado com a prática profissional).

Os docentes recebem formação continuada para desenvolverem suas atividades e participam de encontros mensais e imersão no início de cada semestre. A prática é indispensável para uma boa *performance* em sala de aula, pois só assim é possível atender à demanda do novo modelo. As atividades são elaboradas como desafios, e o professor deixa de ser expositor de conteúdo para ser mediador, uma quebra de paradigma difícil, a qual precisa ser bem realizada para que a mudança tenha sucesso.

As aulas são realizadas com apresentação e contextualização do tema, atividade para os estudantes, síntese da atividade, exercício de fixação e encerramento. Nas atividades em sala, são utilizadas diversas estratégias, como, por exemplo, júri simulado, seminário, aula prática, entre outras. Na distribuição das atividades semanais, o curso conta com o momento de preceptoria, no qual o docente faz o acompanhamento individual dos estudantes, tanto pedagógico quanto profissional.

Os pilares da UniAmérica são: estudo individual, que consiste no estudo do conteúdo teórico (aprender lendo, vendo e ouvindo), e estudo colaborativo, que consiste no compartilhamento com os outros estudantes do conteúdo estudado para aprender explicando e avaliar, com o intuito de obter o *feedback* de sua aprendizagem nas atividades em sala, isto é, aplicar o conteúdo estudado para aprender fazendo.

A dificuldade e a resistência a esse modelo ainda são elevadas pelos membros da sociedade, inclusive pelos docentes, porém, não existe evolução sem mudanças; e a do ensino, inclusive, é a que está mais atrasada em relação aos demais setores, gerando profissionais incapacitados, pois não adquirem o conhecimento atualizado, o contato prático e as habilidades pertinentes à formação profissional. Assim, a mudança educacional é relevante e inevitável para a formação qualificada e profissional, e a mediação docente torna-se um elemento significativo em sala, na medida em que promove o aprofundamento da aprendizagem e oportuniza o protagonismo estudantil.

A docência em modelos e metodologias inovadoras continua sendo um desafio para os gestores, pois não se formam, nos cursos de licenciatura das universidades brasileiras, profissionais capazes de atuar em contextos tão diferentes. A experiência nesse modelo requer docentes capazes de "se despir" de concepções tradicionais e se atirar de corpo e alma, ressignificando a trajetória profissional.

O que se percebe é que os docentes da UniAmérica querem a mudança e são apoiados pelos gestores e pela mantenedora. Contudo, a adaptação do docente à mudança proposta pela instituição ainda gera dúvidas, contribuindo para a rotatividade, impactando na alteração da fotografia dos cursos.

A necessidade de transformação do método de aprendizagem é evidente, e, quanto maior a demora para aplicar as mudanças, maior o prejuízo para a formação profissional adequada do aluno. Pode-se iniciar com algumas estratégias e, aos poucos, ampliá-las até sua transformação por completo. A mudança do papel do docente é uma estratégia de aplicação com excelente retorno na aprendizagem e no protagonismo do aluno. A proposta da UniAmérica é de uma faculdade pioneira em transformação com 100% de metodologia ativa, fornecendo subsídio de sucesso nessa mudança.

A descentralização do papel do docente como transmissor do conteúdo para mediador o colocou em uma relação horizontalizada com o discente, o que exacerba a percepção do professor para as necessidades individuais de aprendizagem e de vocação do aluno. Como consequência, diante dessa percepção, para estimular o protagonismo estudantil, é indispensável a formação de um docente qualificado que seja proativo e reflexivo, perfil de profissional que o mercado de trabalho tanto necessita.

REFERÊNCIAS

ALVES, R. *A alegria de ensinar*. 4. ed. Campinas: Papirus, 2000.

CUNHA, A. C. *Ser professor*: bases de uma sistematização teórica. Chapecó: Argos, 2015.

FREIRE, P. *Pedagogia da autonomia*: saberes necessários à prática educativa. 43. ed. São Paulo: Paz e Terra, 2011.

GOZZI, M. P. Processo de mediação docente online em cursos de especialização. *Educação, Gestão e Sociedade*, ano 2, n. 6, 2012.

MAHONEY, A. A.; ALMEIDA, L. R. Afetividade e processo ensino-aprendizagem: contribuições de Henri Wallon. *Psicologia da Educação*, v. 20, p. 11-30, 2005.

MOREIRA, M. A. A teoria dos campos conceituais de Vergnaud, o ensino de ciências e a pesquisa nesta área. *Investigações em Ensino de Ciências*, v. 7, n. 1, p. 7-29, 2002.

VYGOTSKY, L. S. *A formação social da mente*: o desenvolvimento dos processos psicológicos superiores. 4. ed. São Paulo: Martins Fontes, 1991.

LEITURA RECOMENDADA

GERVAI, S. M. S. *A mediação pedagógica em contextos de aprendizagem online*. 2007. Tese (Doutorado em Linguística Aplicada e Estudos da Linguagem) – Pontifícia Universidade Católica de São Paulo, São Paulo, 2007.

7
Encantando o estudante para aprender

Fernando Guilherme Priess

> *Que a criança corra, se divirta,*
> *caia cem vezes por dia, tanto melhor,*
> *aprenderá mais cedo a se levantar.*
>
> Jean Jacques Rousseau

Este capítulo aborda as diferentes estratégias lúdicas utilizadas no processo de construção da aprendizagem. Serão apresentadas formas diversificadas de trabalho, com foco na criatividade, no interesse e na disposição para aprender.

Quando se utiliza o termo "lúdico", é natural, inicialmente, vir à mente a aprendizagem infantil, a criança, as brincadeiras e os jogos. De fato, tais denominações fazem parte do universo lúdico e estão diretamente relacionadas com uma metodologia baseada no interesse da aprendizagem. No entanto, a abordagem lúdica não deve e não pode ser tratada como algo simplesmente voltado para o público infantil. Observa-se que, no contexto histórico, as práticas lúdicas sofrem certo preconceito, pois a sociedade encara o lúdico como algo "improdutivo", ou seja, que tem como finalidade somente a diversão, o lazer, o entretenimento, ficando o aspecto educativo e da aprendizagem em segundo plano.

A partir da segunda década do século XXI, as mudanças e as transformações da modernidade foram extremamente dinâmicas e rápidas. O acesso ao conhecimento ficou mais ágil, uma vez que a globalização e os avanços tecnológicos contribuíram para o acesso e a difusão da informação em ritmos acelerados. Nas últimas décadas, as inovações tecnológicas avançaram a tal ponto que influenciaram de forma significativa as profissões, e a velocidade com que as informações atingem a sociedade acarretaram mudanças em todo o cenário da formação profissional. A necessidade de atualização permanente é algo imprescindível, e o profissional que não acompanhar essa evolução e dinamismo estará desatualizado e, consequentemente, será descartado do mercado de trabalho.

Vejamos uma situação hipotética para refletir sobre o mundo moderno e o sistema educacional que ainda predomina na maioria das redes de ensino do país. Imagine que um médico formado há 100 anos, aproximadamente, pudesse ser congelado, transportado para o mundo atual e inserido no meio profissional da atualidade, em hospitais e demais ramos da saúde. Será que esse profissional conseguiria atuar de forma eficiente? Teria habilidades e competências para lidar com todas as mudanças que ocorreram na sua área profissional nos últimos 100 anos?

Essa é apenas uma situação hipotética para refletirmos sobre as transformações do mundo moderno e suas consequências. Entendo que, na situação apresentada, seria pouco provável que tal profissional da medicina conseguisse atuar de forma satisfatória, sendo preciso recomeçar praticamente "do zero" para poder atuar de forma eficiente e adequada às necessidades atuais.

Agora, observe uma segunda situação hipotética. Imagine que um professor, formado há 100 anos, pudesse também ser congelado na época e transportado para o mundo atual. Será que esse profissional conseguiria atuar de forma eficiente nos dias atuais? Seria capaz de ministrar aulas nos diferentes níveis de ensino? O que realmente mudou de significativo nos últimos anos na educação, na forma de produzir aprendizagens?

O objetivo aqui não é tirar conclusões ou criticar o sistema de ensino, mas analisar o que é fato e facilmente observável: os processos de ensino- e de aprendizagem, o sistema de ensino e a educação, de forma geral, se comparados a outras áreas e profissões, evoluíram lentamente.

Ao analisarmos o sistema educacional de 100 anos atrás e o vigente na maioria das instituições, veremos que pouca coisa mudou ou se modificou. Os conteúdos ainda são separados em disciplinas, com docentes específicos para cada uma delas, e as informações, na maioria das vezes, são passadas de maneira mecânica e formal, cujos conteúdos são insignificantes e até mesmo inúteis para o estudante.

Portanto, está mais do que na hora de refletir e rever o processo de construção da aprendizagem, as metodologias de ensino e o sistema educacional. A escola e o sistema educacional precisam, com urgência, fazer uma nova leitura do mundo moderno, a fim de não incorrerem no risco de se tornarem obsoletos, de preparar jovens para um mundo que não é real. Em síntese, o que se pretende alertar é que a educação não pode andar na contramão da história da humanidade.

Assim, cabe ao docente repensar o seu papel na condução das aulas, tornando a aprendizagem mais agradável, gostosa, interessante, visto que ela não precisa ser, necessariamente, formal e chata. A educação deve ser mais significativa e prazerosa; deve abordar conteúdos que façam sentido para os estudantes, sejam do seu interesse, satisfaçam às suas necessidades biopsicossociais e que os prepare para o mundo moderno.

Ao pensar em novas metodologias de ensino e em sistemas de aprendizagem modernos, considera-se os pilares básicos e essenciais da educação propostos pela Organização das Nações Unidas para a Educação, a Ciência e a Cultura (Unesco), apresentados por meio do Relatório Jacques Delors, destacando as diferentes formas de aprender. São eles: aprender a fazer, aprender a conviver, aprender a ser e aprender a conhecer. Na sequência, é apresentada a sinopse da "nova ordem mundial", para melhor entendimento e visualização desses pilares (Figura 7.1).

Tais pilares devem servir de referência ao se pensar e planejar os conteúdos e as metodologias de ensino a serem desenvolvidos e aplicados. De acordo com Rossini (2004, p. 13), o grande desafio está na arte de transmitir os conhecimentos sem negligenciar o aspecto formativo e o desenvolvimento mental, para que as pessoas possam pensar, raciocinar, levantar hipóteses e, finalmente, "aprender a aprender", tornando-se aptas para poder ser, fazer, conhecer e conviver.

Ao planejar as estratégias de ensino, os procedimentos didáticos e selecionar os conteúdos de ensino, é preciso lembrar que é da natureza humana procurar o que proporciona prazer e fugir do que causa desprazer. Uma premissa para que o ensino seja interessante e significativo é que o estudante seja "desafiado", ou seja, estimulado a aprender. De acordo com Rossini (2004), é preciso que se tenha um

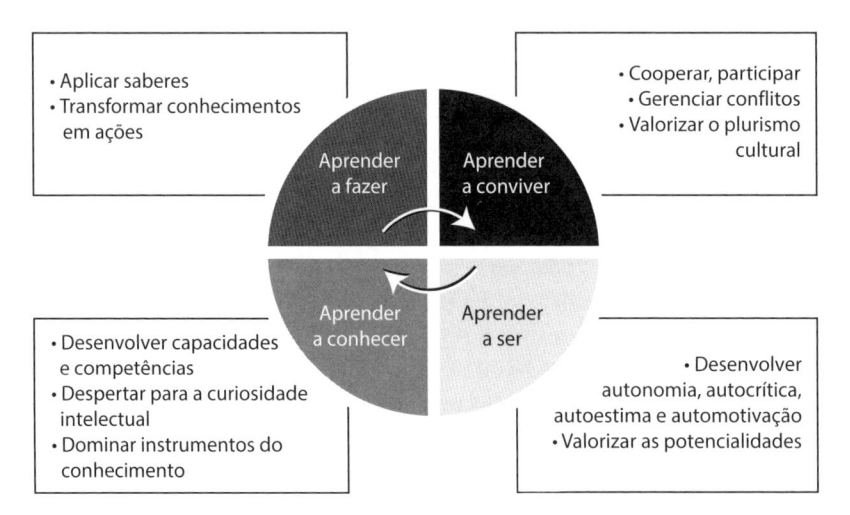

Figura 7.1 Pilares básicos para a educação.
Fonte: adaptada de Delors (2003).

equilíbrio na elaboração e no planejamento dos conteúdos, visto que não se pode complicar demais, nem facilitar demais. No caso de tudo ser muito fácil, a realização acaba não tendo graça, não tem valor.

O psicólogo norte-americano David Paul Ausbel apresenta a teoria de aprendizagem na qual os conhecimentos prévios dos estudantes devem ser valorizados, para que eles possam construir estruturas mentais utilizando, como meio, mapas conceituais, os quais permitem descobrir e redescobrir outros conhecimentos, caracterizando, assim, uma aprendizagem prazerosa e eficaz. De acordo com Ausbel (MOREIRA, 1982, p. 21), para haver a aprendizagem significativa, são necessárias duas condições: em primeiro lugar, o estudante precisa ter uma disposição para aprender – se o indivíduo quiser memorizar o conteúdo arbitrária e literalmente, então a aprendizagem será mecânica; em segundo, o conteúdo a ser aprendido precisa ser potencialmente significativo, ou seja, tem de ser lógica e psicologicamente significativo: o significado lógico depende somente da natureza do conteúdo, ao passo que o significado psicológico é uma experiência que cada indivíduo tem; cada aprendiz faz uma filtragem dos conteúdos que têm significado ou não para si próprio.

Com base nas informações apresentadas anteriormente, seguem algumas estratégias utilizadas no processo de construção de aprendizagens no ensino superior que se mostram eficientes, bem como os resultados mais significativos. Ações práticas que podem contribuir para uma aprendizagem mais eficiente e satisfatória:

- **Oportunize autonomia ao estudante**: o papel do docente em sala de aula é, e sempre será, importante para que os objetivos de cada aula sejam cumpridos. Uma dica relevante é permitir que o estudante tenha liberdade e controle sua rotina, para que não se sinta obrigado ou tenha sua criatividade "podada", visto que restrições apenas afastam os acadêmicos do prazer de poder criar e vivenciar os resultados e benefícios dessas práticas.
- **Tenha os objetivos claros e bem-definidos**: a partir do momento em que se tem clareza quanto aos objetivos e às finalidades das atividades propostas pelo docente, os estudantes entenderão e relacionarão a atividade com situações práticas, bem como darão mais valor ao que se está fazendo, ficando, dessa forma, a "nota" atribuída para a atividade em segundo plano.
- **Motivação e confiança não são conquistadas com ameaças ou autoritarismo**: recomenda-se que o docente tenha controle das ações em sala e autoridade, mas sem ser autoritário. A autoridade está relacionada com o respeito. O ser autoritário gera medo, apreensão, o que desmotiva o estudante ao aprendizado e torna o processo de ensino algo mecânico e reprodutivo, em que a aprendizagem e os resultados são colocados de lado e a "nota" vira o principal objetivo.

- **Torne suas aulas imprevisíveis:** tenha cuidado com a rotina, tudo o que é totalmente previsível acaba se tornando monótono e "chato". Utilize diferentes locais para a realização das aulas; mude as estratégias de ensino e os instrumentos didáticos; seja ousado, não tenha medo de criar e inovar; mude o cenário da sala; utilize dinâmicas de grupo. O prazer torna a aprendizagem mais significativa e eficiente.
- **Saiba equilibrar a competição e a cooperação nas aulas:** a competição, quando utilizada de maneira positiva e equilibrada, pode ser um fator motivador para a realização de atividades em sala de aula, mas é preciso ter o máximo de atenção para não criar um ambiente de extrema rivalidade entre os estudantes. Mostre que existem possibilidades de trabalhar de forma cooperativa e que todos podem ser beneficiados e "vencedores", alcançando o êxito dos resultados compartilhados.
- **Crie situações de ensino em que o trabalho em equipe seja primordial:** é comum ouvir os estudantes dizendo que preferem fazer trabalhos sozinhos porque rendem mais. Essa visão precisa ser superada, uma vez que uma característica essencial no profissional moderno é a habilidade e a capacidade de trabalhar em equipe. Portanto, o trabalho em grupo deve ser estimulado e orientado pelo docente.
- **Valorize a responsabilidade dos estudantes na realização das atividades:** apresente aos estudantes a importância de lidar de forma responsável com as obrigações acadêmicas. Estabeleça prioridades e cobre responsabilidade de todos.
- **Saiba reconhecer a evolução e os méritos dos estudantes:** todo ser humano gosta de ser elogiado e valorizado. De nada adianta os alunos se esforçarem se a dedicação não for reconhecida pelos docentes. Dê um parecer – oralmente ou por escrito – aos alunos, destacando os pontos positivos e os que podem ser melhorados. Uma simples anotação do tipo "Parabéns, excelente trabalho, continue assim" já é suficiente para deixar o aluno motivado e orgulhoso de seu desempenho.
- **Estimule o debate e a reflexão:** muitos estudantes são inseguros e têm dificuldade de expor suas ideias em público. Encoraje-os para o debate e a reflexão crítica dos temas trabalhados. Explore ao máximo as habilidades de cada estudante.
- **Seja bem-humorado e motivado durante as aulas:** por mais que esteja cansado ou com problemas particulares, durante sua aula, demonstre alegria e motivação. Lembre-se de que o docente em sala geralmente é um só e os estudantes são muitos, de modo que estamos o tempo todo sendo observados. Se não demonstrarmos alegria e motivação, os estudantes não demonstrarão interesse pela aula.

- **Procure conhecer os estudantes**: lembre-se de que somos indivíduos únicos, cada um com suas características e particularidades. Procure conhecer os interesses e as potencialidades de cada estudante, visto que não se pode esperar o mesmo resultado de todos. Saiba estimular cada estudante a "tirar" o máximo de si.
- **Procure trabalhar o autocontrole e a ansiedade dos estudantes**: muitas vezes observamos estudantes com um excelente potencial, mas com dificuldade no rendimento devido à ansiedade, ao nervosismo, à baixa autoestima e a outros aspectos que podem prejudicar de maneira significativa seu rendimento acadêmico. Desenvolva atividades que trabalhem esses aspectos e que auxiliem no desenvolvimento pessoal de cada um.
- **Estabeleça metas e objetivos durante as aulas**: planeje suas aulas e solicite que os acadêmicos se organizem e estabeleçam metas e objetivos. Faça constantemente uma avaliação para verificar o que foi atingido e o que precisa ser alcançado.
- **Crie, recrie, busque sempre estratégias inovadoras de ensino**: o segredo de um profissional de sucesso na área de educação é não se acomodar. É estar, constantemente, buscando formas diversificadas de trabalho, tendo como premissa que o ensino deve ser algo agradável e divertido. Estudar não deve ser uma mera formalidade e uma simples obrigação.

Não existem receitas de sucesso na docência, de modo que o professor necessita de constante aprimoramento para não tornar suas práticas retrógradas e ultrapassadas. A sociedade e o ser humano estão em constante evolução e a educação também deve estar, não devendo ficar estacionada.

Como docente no ensino superior nos cursos de educação física e pedagogia, vivenciei diferentes experiências nos processos de ensino e de aprendizagem que me motivaram, cada vez mais, a buscar estratégias baseadas no lúdico como ferramenta de ensino. É inegável que quando sentimos prazer em fazer algo, o processo de aprendizagem flui de maneira harmoniosa e os resultados são extremamente positivos.

A educação física se utiliza muito do jogo, da brincadeira e do lúdico como ferramenta pedagógica e didática, e, embora ainda exista um preconceito muito grande com o lúdico – muitas vezes não se consegue relacionar algo divertido e prazeroso com uma atividade educativa –, é comprovado que podemos aprender brincando, nos divertindo. Os processos de ensino e de aprendizagem não precisam ser "chatos" e formais, esse tipo de estratégia, tradicional, só favorece a automatização e a "decoreba", em que os conteúdos são reproduzidos de forma mecânica, sem ter um sentido incorporado ao processo de aprendizagem.

Uma simples brincadeira recreativa pode trabalhar aspectos como: concentração, raciocínio (lógico, matemático), liderança, cooperação, valores, autoconfiança, respeito, psicomotricidade, entre outros. É possível trabalhar os aspectos cognitivos (intelectivos), afetivos (sociais) e motores (desenvolvimento psicomotor), ou seja, trabalhar o aluno de forma integral, em todos os seus aspectos.

Para melhorar a atuação docente e tornar a aprendizagem mais significativa e atraente, devemos fazer algumas perguntas:

1. **O que estou ensinando?** Qual a relevância e a importância do conteúdo que estou propondo aos estudantes? O conteúdo é meramente informativo ou é indispensável? É atualizado e relacionado com o contexto? Estou considerando o conhecimento prévio do estudante em relação ao que pretendo ensinar?
2. **Para que estou ensinando?** Qual a aplicabilidade das informações e dos conteúdos? Existe relação entre teoria e prática? Que habilidades e competências estão sendo trabalhadas?
3. **Como estou ensinando?** As metodologias que utilizo são motivadoras e eficientes? As estratégias de ensino estão adequadas ao público-alvo (necessidades e interesses dos estudantes)? A aula é agradável e interessante? O estudante é o protagonista no processo de ensino ou o centro é o professor?
4. **Onde estou ensinando?** O processo de ensino não deve se limitar ao ambiente da sala de aula. O docente pode, e deve, utilizar ambientes alternativos, como: laboratórios, passeios e visitas técnicas, espaços abertos e arejados, locais sugeridos pelos alunos. O simples fato de modificar o local da aula pode ser um fator extremamente motivador para o estudante.

Esses são apenas alguns questionamentos que devemos fazer ao selecionarmos os conteúdos e as estratégias de ensino, de modo a tornar o processo de aprendizagem mais efetivo e significativo.

Referente à utilização de estratégias de ensino diversificadas e efetivas, Poli (2014, p. 5) destaca que é importante lembrar que as diferentes práticas de ensino proporcionam diferentes possibilidades de desenvolvimento dos sujeitos e que diferentes metodologias de ensino produzem diferentes resultados. Nesse ponto, fazemos referência ao conceito de ensino, elaborado a partir do olhar pedagógico, que pode ser definido como um conjunto de atividades pedagógicas, organizadas de modo sistemático, que atinge determinados resultados. Nessa perspectiva, um docente que habitualmente interroga seus estudantes frente a fatos e conhecimentos e que os envolve na busca do conhecimento, por meio de métodos ativos e participativos, tende a favorecer o desenvolvimento de sujeitos mais ativos e mais autônomos intelectualmente. Em contrapartida, um docente que transmite conteúdos de forma unidirecional e/ou como um conjunto de verdades definitivas e inquestionáveis, por meio de métodos que reduzem o estudante à passividade, tende a favorecer o desenvolvimento de sujeitos mais passivos e, tendencialmente, menos criativos.

Ao tratar de metodologias ativas de ensino, Anastasiou e Alves (2014) destacam que o ensino ativo se relaciona com o verbo latino *insignare*, que significa marcar com sinal (de vida, de busca), despertar para o conhecimento. Nesse caso, o ensino só ocorre efetivamente quando o estudante consegue apropriar-se do conhecimento, tornando-o parte do repertório sobre o qual estrutura e desenvolve o seu pensamento. Para tanto, necessita tomar parte ativa na busca do conhecimento e na sua (re)construção. O papel do docente nessa metodologia é estratégico, cabendo-lhe a organização e a condução do processo, mais no sentido de ser um guia do que ser a única fonte do saber. Portanto, cumpre o papel de ser o facilitador dos processos de ensino e de aprendizagem, "desafiando" o estudante, aprofundando os conteúdos e ampliando, assim, seus conhecimentos.

Como docente de educação física, tive a oportunidade de vivenciar diferentes experiências no processo de aprendizagem nos mais diversos níveis de ensino, das quais relatarei algumas que considero relevantes. Quando não temos algo que nos atrai, a tendência natural é a distração, ou seja, uma premissa para a aprendizagem significativa é o "interesse", estar atraído para o que está sendo proposto. Não havendo esse componente, ou a aprendizagem não ocorre, ou se torna algo mecânico e uma mera reprodução. A educação física, de uma forma geral, é privilegiada por ter, na essência de seus conteúdos, elementos que na maioria das vezes são agradáveis e interessantes para o aprendiz, o que a torna uma disciplina motivadora.

No entanto, a educação física, que tem na sua base diferentes conteúdos práticos, vem sendo desprestigiada pelos estudantes. Uma das causas pode ser o forte apelo tecnicista e esportivista, que privilegia a prática esportiva voltada para resultados, para o aprendizado das técnicas e dos esportes, o que faz as pessoas que não têm determinadas habilidades técnicas para as modalidades ensinadas se afastarem das aulas. Esse é um fato que ocorre também com outras disciplinas, pois, quando os estudantes não conseguem observar significância e aplicabilidade dos conteúdos, o processo de aprendizagem torna-se algo mecânico e formal.

Uma estratégia interessante de ensino que vivenciei foi partir do conhecimento concreto dos estudantes sobre o que se pretende ensinar, relacionando o conhecimento prévio com os novos conteúdos. Um dos problemas que observo nos processos de ensino e de aprendizagem é que o docente prefere dar as respostas e mostrar como se faz, em vez de deixar o aluno buscar seus caminhos para encontrar as soluções. Afinal de contas, é muito mais "prático" dessa forma e dá menos trabalho para ambos. No entanto, isso acaba "podando" a criatividade e o poder de resolução de problemas dos estudantes.

A educação física tem como um de seus componentes o aprendizado do movimento e, por meio dele, as práticas psicomotoras. É extremamente importante que a criança vivencie nos anos iniciais as diferentes formas de movimento, para que possa ampliar o seu repertório motor e, assim, ter um desenvolvimento harmonioso. Observe um exemplo muito comum nas aulas de educação física, quando a proposta é o ensino de diferentes formas de locomoção na educação infantil. Tendo como referência uma turma com crianças de aproximadamente 4 a 5 anos, é bastante comum que o professor oriente a aula da seguinte forma: para desenvolver as diferentes experiências e formas de locomoção, em uma aula na quadra ou em um espaço amplo (sala grande), o professor pede aos alunos que se desloquem correndo de uma extremidade à outra do local. Na sequência, vai passando os seguintes comandos: agora, deslocando-se de costas; lateralmente; com quatro apoios; na ponta dos pés; sem dobrar os joelhos; elevando o máximo possível os joelhos; pulando com um dos pés; e assim sucessivamente. Essa é uma maneira de se vivenciar as diferentes formas de movimento, porém a experiência torna-se algo totalmente mecânico e reprodutivo, não estimulando a criatividade e o raciocínio das crianças, somente a repetição. Agora, observe um exemplo bastante produtivo para uma prática similar:

1. Crie uma situação que desperte o imaginário do estudante, de modo que faça as atividades colocando-se em outras situações, como estando em uma floresta, pulando sobre um buraco ou uma cerca, etc.
2. Inicialmente, solicite aos estudantes que atravessem correndo de um lado para o outro da sala/quadra. Na sequência, peça para os alunos voltarem, mas sem repetir o movimento da ida; devem vir de uma forma diferente da anterior. Observe as diferentes formas de se movimentar que os estudantes criam. Desafie-os constantemente, como: "Quero ver quem consegue se movimentar como o João. Agora não podem fazer mais esse movimento, têm de criar uma forma diferente. Não pode repetir as formas de andar, vamos ver quem cria um jeito diferente de andar...".
3. Peça que imitem as diferentes formas de movimento dos animais e, após as práticas, converse sobre como foi a experiência, se foi difícil ou fácil. Comente sobre as diferentes formas de movimento, tanto dos seres humanos como dos animais, e sobre muitos outros assuntos que podem ser utilizados na prática, como: a importância de cuidarmos e preservarmos as diferentes espécies; limitações e diferentes formas de se deslocar; limites, dificuldades e desafios, etc.

Esses são apenas alguns exemplos utilizados em aulas de educação física, os quais podem ser estendidos a qualquer outra disciplina, basta o docente ter criatividade, iniciativa, visão, conhecer seus alunos e explorar ao máximo suas potencialidades. A educação pode, sim, ser mais atraente e interessante. Assim, é fundamental que os estudantes possam ter a escola e as aulas como um ambiente verdadeiro de ensino e convivência, cujo foco seja o estudante e a aprendizagem; que os conteúdos não sejam meras "formalidades", e sim aspectos importantes para a vida, que tenham aplicabilidade a todo momento; que o estudante possa aprender fazendo, vivenciando, interagindo e criando, e não simplesmente reproduzindo mecanicamente.

REFERÊNCIAS

ANASTASIOU, L. G.; ALVES, L. P. (org). *Processos de ensinagem na universidade*: pressupostos para as estratégias de trabalho em aula. 3. ed. Joinville: Univille, 2004.

DELORS, J. *et al*. *Educação*: um tesouro a descobrir. 2. ed. São Paulo: Cortez; Brasília, DF: MEC/UNESCO, 2003.

MOREIRA, M. A. *A aprendizagem significativa*: a teoria de David Ausubel. São Paulo: Moraes, 1982.

POLI, O. L. *O trabalho discente efetivo como estratégia para a melhoria do desempenho acadêmico e profissional na graduação*. Chapecó: Unochapecó, 2014. Disponível em: https://www.unochapeco.edu.br/static/data/portal/downloads/2139.pdf. Acesso em: 26 ago. 2019.

ROSSINI, M. A. S. *Aprender tem que ser gostoso*. 2. ed. Petrópolis: Vozes, 2004.

8

Plano de aprendizagem: inovação no planejamento docente

Blasius Debald

*A mente que se abre a uma nova ideia
jamais voltará ao seu tamanho original.*
Albert Einstein

Os diferentes avanços no campo educacional, principalmente a partir da introdução das metodologias ativas de aprendizagem, transformaram o espaço da sala de aula universitária, ressignificando o planejamento docente. Com o foco na aprendizagem e no protagonismo estudantil, requer-se novas estratégias de produção do conhecimento, mais inovadoras e independentes.

Se as metodologias ativas de aprendizagem possibilitaram novas experiências de aprendizagem a partir de um currículo mais desafiador e problematizador, o perfil docente se redesenhou mediante essa nova postura, muito mais de mediação do que de exposição. Novas competências foram desenvolvidas para atender às demandas que até então eram consideradas inalteradas.

O debate teórico é interessante, mas vivenciar o processo de mudança põe em prática elementos que até então eram restritos à literatura. Refiro-me às metodologias ativas de aprendizagem e à sua aplicabilidade no *case* UniAmérica. O objetivo deste capítulo é discutir os impactos em relação ao planejamento docente, analisando os elementos constituintes do plano de aprendizagem.

Os processos inovadores em educação modificam estruturas enraizadas por vários séculos e que se intitulam como vias legítimas e únicas para a produção de conhecimentos. Assim, mudar organizações educacionais centenárias requer ousadia e investimento na formação docente, visto que as transformações somente se concretizam mediante o comprometimento docente.

A introdução da cultura de planejamento docente, como perspectiva de processo para melhoria da qualidade da educação, aparece como esforço de pensar além dos formatos preestabelecidos pelo modelo tradicional, preso a estruturas que não permitem criar ou alterar etapas. Reside em tal contexto a dificuldade de o docente pensar fora do parâmetro construído durante a formação inicial na graduação.

Ainda há um longo percurso a ser percorrido até serem implantadas as inovações educacionais no ensino superior brasileiro, forçando novas posturas docentes, focadas na aprendizagem. Na listagem de elementos que necessitarão de aperfeiçoamento está o planejamento dos processos de aprendizagem, temática que será problematizada neste capítulo.

A discussão será respaldada pelo *case* da UniAmérica, com a implantação das metodologias ativas de aprendizagem e seu processo de transformação, perpassando pela gestão e o pensar mais crítico da produção de aprendizagens; um desafio que propõe um modelo educacional mais adequado às demandas do século XXI no âmbito do ensino superior.

A cultura de planejamento no campo educacional passou a ser valorizada com maior intensidade após a Segunda Guerra Mundial, com o acirramento e a divisão do mundo em dois blocos econômicos (Estados Unidos e União Soviética), na tentativa de inibir as iniciativas socialistas e fortalecer as capitalistas. A necessidade de estratégias que garantissem a supremacia das potências impulsionou a área do planejamento, alcançando os diferentes níveis de ensino. Para Kuenzer, Calazans e Garcia (2003, p. 13), "o planejamento da educação também é estabelecido a partir das regras e relações da produção capitalista, herdando, portanto, as formas, os fins, as capacidades e os domínios do capitalismo monopolista do Estado".

O planejamento educacional se burocratizou, e o que deveria servir para aperfeiçoar o processo engessou avanços e limitou iniciativas inovadoras. No caso do Brasil, durante a Ditadura Militar (1964-1985), a ideia de planejamento foi empregada como sinônimo de progresso, distorcendo seu propósito. Para Luckesi (2001, p. 108),

> O planejamento não será nem exclusivamente um ato político-filosófico, nem exclusivamente um ato técnico; será sim um ato ao mesmo tempo político-social, científico e técnico: político-social, na medida em que está comprometido com as finalidades sociais e políticas; científicas na medida em que não pode planejar sem um conhecimento da realidade; técnico, na medida em que o planejamento exige uma definição de meios eficientes para se obter resultados.

Nas últimas décadas do século XX, as iniciativas de planejamento educacional se intensificaram, motivadas pela reabertura política no país (1985), pela promulgação da nova Lei de Diretrizes e Bases (BRASIL, 1996) e pela Nova Constituição de 1988 (BRASIL, [2016]). A educação, libertada do jugo do regime militar, aos poucos iniciou um novo processo, mas também manteve características que tiveram resultados inexpressivos.

O docente, absorto com a cultura de planejamento herdada do período militar, continua enxergando o ato de planejar como uma categoria inferior nos processos educacionais. Para Moretto (2007, p. 100), "há, ainda, quem pense que sua experiência como docente seja suficiente para ministrar suas aulas com competência". Ao priorizar sua experiência no exercício profissional, o docente não sente necessidade de fazer um planejamento. Como decorrência, Fusari (1998, p. 45) entende que os docentes "[...] copiam ou fazem cópia do plano do ano anterior e o entregam a secretaria, com a sensação de mais uma atividade burocrática [...]".

A ênfase no planejamento implica uma ação refletida por parte do docente, ou nas palavras de Schön (1992), é a reflexão permanente de sua prática educativa, pois o pensar está presente na *práxis*. Desse modo, o processo de mudança e a possibilidade de inovação só têm início quando o docente começa a pensar sobre o fazer pedagógico.

Os discursos de inovação ocupam os escritos relativos ao campo da educação há algumas décadas, presos a teorizações e a concepções que carecem de vivências práticas. Na tentativa de romper com o paradigma dominante, a bandeira do avanço é levantada, com o intuito de quebrar a estrutura tradicional de educação. Para Cunha *et al.* (2001), a inovação não se caracteriza pela introdução de elementos tecnológicos no processo educativo, a menos que representem novas formas de pensar o ensinar e o aprender, mas sim em uma perspectiva emancipatória, na qual o estudante é o protagonista.

Inovar, no campo educacional, significa migrar da concepção do ensinar para a do aprender, desviando o foco do docente e redimensionando-o para o estudante, que, por sua vez, assume a corresponsabilidade pela sua aprendizagem, sustentado pelo aprender a aprender, com o desenvolvimento da autonomia individual, das habilidades de comunicação e do protagonismo estudantil. É no cenário de transformação que as novas propostas educacionais (metodologias ativas de aprendizagem) se fortalecem e encontram espaço, motivando a participação e a problematização na produção do conhecimento.

Contudo, preparar o corpo docente para modificar as práticas de planejamento com a intenção de aperfeiçoar os processos educativos é uma tarefa árdua, pois mexe com saberes cristalizados por um longo período, além de exigir investimentos em preparação e organização do material utilizado por vários anos. O recomeçar nem sempre é a melhor opção para docentes que têm estabilidade e estão satisfeitos com o que alcançaram na carreira, sendo, portanto, indispensável um elemento altamente motivador para que aceitem trabalhar no projeto de mudança e tenham disposição para rever suas perspectivas profissionais.

A inovação educacional e a oportunidade de vivenciar práticas diferenciadas reforçam o perfil da nova cultura docente contemporânea, que se preocupa muito mais com a aprendizagem do que com o ensino teórico. Apostar em tais iniciativas poderá dar um novo direcionamento à carreira do docente, que pensará além de cumprir os anos para a aposentadoria, passando a construir projetos de inovação, mudança e criatividade. É o desafio docente para romper com a mesmice e com a monotonia da sala de aula.

A adoção das metodologias ativas de aprendizagem redesenhou o espaço da sala de aula, afetando diretamente o planejamento docente. No modelo tradicional, o professor planejava cada aula durante o semestre ou ano letivo e elencava conteúdos que julgava importantes e necessários para a formação do estudante e que atendessem à disciplina. O restante era pensado no decorrer do processo educativo.

No *case* UniAmérica – que adotou a sala invertida –, o aluno estuda em casa as temáticas que serão abordadas em sala de aula, mediante acesso ao portal de aprendizagem, alimentado pelo docente com conteúdo, vídeos, desafios, leituras e exercícios, o que possibilita que o estudante se conecte aos estudos. Essa é a primeira fase do planejamento docente, a qual requer que se gerencie o ambiente de aprendizagem para que o estudante possa estudar com antecedência.

O segundo elemento que impactou o planejamento docente foi o projeto integrador ou aprendizagem por projetos. Por meio dessa aprendizagem, os estudantes elaboram projetos nos quais identificam um problema real e tentam resolvê-lo, sendo mediados pelo docente, que estuda em parceria, indica referencial teórico e questiona, fazendo o grupo de estudantes pensar sobre cada etapa realizada.

A terceira mudança quanto ao planejamento docente associa-se ao acompanhamento das aprendizagens construídas pelos estudantes. Como o processo é registrado no ambiente virtual, o docente tem acesso imediato e pode dar *feedback* o mais rápido possível, identificando dificuldades e sugerindo melhorias na construção das aprendizagens, o que reduz o tempo entre o diagnóstico e a intervenção, a fim de aperfeiçoar a apropriação do conhecimento. Há também espaços para preceptoria e monitoria; nesses encontros, o estudante discute com o professor os elementos curriculares com lacunas formativas ou acréscimos para avançar na construção das aprendizagens.

Os horários são definidos no início do semestre, e o estudante sabe o que precisa estudar, o período em que ocorre a aplicação e quando será avaliado. Dessa forma, pode programar sua trajetória formativa e dedicar-se aos estudos de acordo com o tempo disponível ou necessário para vencer as etapas de aprendizagem. Entretanto, assim como o docente precisa de planejamento, o estudante, se não tiver uma cultura de organização dos estudos, terá dificuldades no desenvolvimento da aprendizagem.

A constituição do plano de aprendizagem atende aos pressupostos do modelo institucional, na medida em que especifica as etapas do desenvolvimento da atividade docente. Costa e Magdalena (2003) entendem que elaborar projetos de aprendizagem em sala de aula privilegiaria questões de investigação que despertam o interesse e as necessidades dos alunos, cuja resposta é o desafio ao estudante.

A estrutura do plano de aprendizagem contempla:

I. dados de identificação;
II. ementa;
III. objetivos ou competências;
IV. planejamento das etapas de aprendizagem;
V. avaliação;
VI. referências.

Ao analisar as partes do plano de aprendizagem, constata-se que ele não difere muito do antigo plano de ensino. A inovação mais significativa é o "planejamento das etapas de aprendizagem", no qual o docente detalha o que fará em cada encontro. Por consequência, o estudante saberá previamente o que precisa ler ou fazer para atender ao requisito definido.

O planejamento das etapas de aprendizagem orientará o processo de produção do conhecimento do estudante, contemplando a descrição do que será executado, os pré-requisitos necessários para a aprendizagem e a forma como o docente conduzirá a problematização do desafio. Organizado dessa forma, o planejamento das etapas de aprendizagem não fica preso à exposição do professor e ao conteúdo prévio, que o estudante deveria se apropriar para a resolução do desafio e participar da discussão com seus pares em sala de aula. Para melhor visualização, é apresentado um plano de aprendizagem adotado pela UniAmérica (Figura 8.1).

PLANO DE APRENDIZAGEM

UniAmérica
Centro Universitário

I – DADOS DE IDENTIFICAÇÃO

Curso: História
Módulo: IIII

Professor: Dr. Blasius Debald
Ano/Semestre: 2016 – 1

II – EMENTA

Histórico e profissionalização docente. Os saberes para a prática docente. A formação inicial e continuada dos profissionais da educação. A prática docente e o ato de refletir sobre sua ação docente. A profissão docente na contemporaneidade.

III – OBJETIVOS/COMPETÊNCIAS

- Compreender a natureza da profissão docente a partir da diversidade de saberes dos professores.
- Analisar o sentido da profissionalização e da formação em função dos processos históricos.
- Identificar as especificidades de saberes dos profissionais que atuam na educação básica.
- Reconhecer a reflexão como elemento importante para o desenvolvimento pessoal e profissional docente dentro dos contextos da prática e da formação.

IV – PLANEJAMENTO DAS ETAPAS DE APRENDIZAGEM

Data	Desenvolvimento da atividade	Pré-requisito
01.04.16	Disputa argumentativa – Divisão da sala em grupos para defesa de ideias.	1. O processo histórico de profissionalização do professor NÓVOA, António. O processo histórico de profissionalização do professorado. In: NÓVOA, António (Org.). Profissão professor. 2. ed. Porto: Editora Porto, 1995. (p. 15-21). Disponível em: http://www.dle.ufms.br/carol/Profissao_Professor.pdf. Acesso em: 10 jul. 2014.
08.04.16	Phillips 66 – Organização de grupos para debate da questão proposta. Apresentação dos resultados.	2. Formação de professores e saberes docentes SANTOS, Lucíola L. de C. Paixão. Formação de professores e saberes docentes. In: SHIGUNOV NETO, A.; MACIEL, Lizete S. B. (Orgs.). Reflexões sobre a formação de professores. Campinas: Papirus, 2002. (p. 89-101). Vídeo: António Nóvoa – "Ofício de professor". http://youtu.be/txIeZKamajE.
15.04.16	Solução de problema – Mobilização para a solução de situações-problema.	3. Professor e seu direito de estudar DEMO, Pedro. Professor e seu direito de estudar. In: SHIGUNOV NETO, A.; MACIEL, Lizete S. B. (Orgs.). Reflexões sobre a formação de professores. Campinas: Papirus, 2002. (p. 71-88).
22.04.16	Estudo de caso – O grupo analisa o caso e, após discussões, apresenta as conclusões.	4. O saber do trabalho docente e a formação do professor THERRIEN, Jacques. O saber do trabalho docente e a formação do professor. In: SHIGUNOV NETO, A.; MACIEL, Lizete S. B. (Orgs.). Reflexões sobre a formação de professores. Campinas: Papirus, 2002. (p. 103-114).
29.04.16	Construção de analogias – Identificação de diferenças e semelhanças.	5. Profissão professor: exigências atuais PIMENTA, Selma G.; ANASTASIOU, Léa das G. C. Docência no ensino superior. São Paulo: Cortez, 2002. (p. 35-41). Vídeo: "Ser professor hoje". http://youtu.be/m4OP64DdJSk.

Figura 8.1 Plano de aprendizagem. *(Continua)*
Fonte: Debald (2015).

(Continuação)

Data	Desenvolvimento da atividade	Pré-requisito
06.05.16	Produção de vídeos sobre como se passa do modelo de ensino para o de aprendizagem.	6. Do ensinar à ensinagem: finalidades da docência ANASTASIOU, Léa das G. C.; ALVES, Leonir P. *Processos de ensinagem na universidade: pressupostos para as estratégias de trabalho em aula.* 5. ed. Joinville: Univille, 2005. (p. 12-19).
13.05.16	Dramatização – Organização de representação a partir das reflexões e discussões.	7. Professor e aluno: ciência, conhecimento e saber escolar OLIVEIRA-SILVA, Janaina. O aluno, a escola, o professor: relações do aprender. *Saber Acadêmico* – Revista Multidisciplinar da UNIESP, n. 6, p. 23-28, dez. 2008. Disponível em: http://www.uniesp.edu.br/revista/revista6/pdf/4.pdf. Acesso em: 8 jul. 2014. Vídeo: "O desafio de ensinar e aprender em tempos de inovação e transformação". http://youtu.be/MyFadMp5FRo.
20.05.16	História em quadrinhos – Após discussão do texto, reconstruir a história em quadrinhos.	8. Docência e ensino: ensinar a quem? TUNES, Elizabeth; TACCA, Maria Carmen V. R.; BARTHOLO JÚNIOR, Roberto dos Santos. *O professor e o ato de ensinar.* Disponível em: http://www.scielo.br/pdf/cp/v35n126/a08n126.pdf. Acesso em: 10 jul. 2014.
27.05.16	Construção de um quadro comparativo e análise quanto à reflexão docente sobre a prática.	9. Professor: saber refletir sobre a própria prática PERRENOUD, Philippe. *A prática reflexiva no ofício do professor: profissionalização e razão pedagógica.* Tradução de Cláudia Schilling. Porto Alegre: Artmed, 2002. (p. 47-62).
03.06.16	Discussão em grupos e produção de paródia sobre os fins do trabalho docente.	10. Os fins do trabalho docente TARDIF, Maurice: LESSARD, Claude. *O trabalho docente:* elementos para uma teoria da docência como profissão de interações humanas. Tradução de João Batista Kreuch. 5. ed. Petrópolis: Vozes, 2009. (p. 195-207).

<u>V – AVALIAÇÃO</u>

O processo avaliativo é composto de aplicação de instrumentos avaliativos, realização de atividades e desafios em sala de aula, estudos no ambiente de aprendizagem e participação, envolvimento e criação de um produto a partir do projeto integrador, que estuda problemas reais da comunidade.

<u>VI – REFERÊNCIAS</u>

SHIGUNOV NETO, A.; MACIEL, L. S. B. (Orgs.). *Reflexões sobre a formação de professores.* Campinas: Papirus, 2002.

TARDIF, M. *Saberes docentes e formação profissional.* 9. ed. Tradução de Francisco Pereira. Petrópolis: Vozes, 2008.

TARDIF, M.; LESSARD, C. *O trabalho docente:* elementos para uma teoria da docência como profissão de interações humanas. Tradução de João Batista Kreuch. 5. ed. Petrópolis: Vozes, 2009.

Figura 8.1 Plano de aprendizagem.
Fonte: Debald (2015).

O plano de aprendizagem pode ser apontado como um avanço significativo nas estratégias do planejamento docente; contudo, somente o planejamento das etapas de aprendizagem, sem o apoio ou a sistematização em sala de aula, não é suficiente para transformar o espaço de aprendizagem. Conforme Braga (2015, informação verbal), o roteiro da atividade de sala deverá, necessariamente, contemplar:

- **Apresentação** síntese do tema a ser trabalhado.
- **Contextualização** do tema com a profissão (qual a aplicabilidade do que será estudado?).
- **Desafio**: apresentar desafio teórico/prático, ou um problema, ou um caso clínico ou, ainda, uma questão instigante para que os estudantes pesquisem e tentem responder e/ou realizar algo.
- **Participação do aluno por meio de metodologias ativas**: realização de alguma tarefa utilizando metodologias ativas (nas quais o aluno é o protagonista). Nesse período, o docente fica à disposição do estudante para tirar dúvidas e orientar.
- **Apresentação dos estudantes**: explanação da resposta obtida.
- **Discussão** sobre a temática.
- **Verificação da aprendizagem** por meio de algumas questões/perguntas sobre a temática.

O roteiro foi pensado para que o estudante desenvolva diferentes competências na mesma aula, destacando-se a participação e a apresentação das conclusões, tornando-o proativo e protagonista do processo de produção da aprendizagem. É este o elemento de diferenciação do plano de aprendizagem: prevê atividades em que o estudante desenvolve sua autonomia e intensifica o processo de aprender a partir da prática.

No entanto, não é somente modificando o planejamento que se alteram as práticas docentes. É importante destacar que os pilares do modelo educacional da UniAmérica assentam-se em (BRAGA, 2015):

1. aprendizagem baseada em projetos;
2. aprendizagem baseada em desafios/atividades;
3. matriz curricular baseada em competências;
4. estudo independente (modelo híbrido ou *flipped classroom*);
5. preceptoria com acompanhamento individual do estudante;
6. avaliação processual com quatro componentes;
7. formação integral – com princípios e valores bem-definidos.

O interessante do planejamento docente é que o *case* da instituição oportuniza experiências aos profissionais da educação do ensino superior que extrapolam a sala de aula. Assim, rompe-se com a ideia de que o docente é resistente à inovação e que o estudante não deseja mudanças nos processos de aprendizagem. Desde a aplicação da nova metodologia, modelo UniAmérica, a instituição reforçou a ideia do trabalho colaborativo, do pensar em grupo e de buscar alternativas para as dificuldades que se apresentam no dia a dia. O medo de se expor foi substituído pela parceria entre docentes, entre professores e estudantes e entres colegas estudantes. A sala de aula tornou-se um espaço agradável e de promoção de aprendizagens. Conforme Debald e Golfeto (2015, p. 8),

> A contextualização das aprendizagens acontece em cenários de mudança e inovação, nos quais os docentes assumem novas posturas, entre as quais estão as de mediadores, monitores e/ou preceptores dos estudantes. Tal mudança é requerida para desenvolver no aluno a autonomia, o autodidatismo e o protagonismo, elementos indispensáveis para que a elaboração do conhecimento seja mais sólida e significativa.

As inovações no planejamento docente pretendem melhorar a gestão acadêmica, comprometendo o profissional quanto aos processos educativos e criando reciprocidade. Profissionais comprometidos, com maior carga horária e conhecedores do modelo institucional farão a diferença em sala de aula e serão também protagonistas, pois ousaram ao modificar suas práticas docentes.

Assim, a essência do plano de aprendizagem é a visão de totalidade que o docente tem no momento em que planeja a ação pedagógica. A amplitude é fundamental para a eficácia dos processos educativos e permitirá que o docente se posicione perante a área do conhecimento. A partir das metodologias ativas de aprendizagem, o professor universitário é desafiado a se reinventar, sair de sua zona de conforto e processar mudanças que surtirão efeitos a médio ou longo prazos. Insisto em dizer que, antes de qualquer mudança, é preciso investir na formação docente.

O plano de aprendizagem requer tempo para a sua elaboração, pois é um ato refletido, de estudo e intervenção no processo educativo. Quanto maior for o engajamento na fase de planejamento, maior a assertividade na execução. O plano de aprendizagem como elemento da inovação no planejamento docente tornou-se um investimento cercado de cuidados na UniAmérica, pois, em sua elaboração, assentam-se os elementos essenciais da metodologia vivenciada no modelo pedagógico. Não é um mero documento elaborado para fins burocráticos. Ele é disponibilizado ao estudante, que acompanha, diariamente, a sua execução; regula a relação entre docente e estudante, definindo os aspectos do processo de aprendizagem e as funções no percurso de produção do conhecimento; e norteia e oportuniza olhares atentos e, quando for o caso, permite redimensionar, ajustar e aperfeiçoar o planejamento. Todavia, o cumprimento de metas estabelecidas não obedece cegamente ao planejamento, pois este está a serviço da aprendizagem.

Enfim, a cultura de planejamento docente requer investimento, pois qualifica a prática de sala de aula, além de promover mudanças visíveis no campo educacional, cujos reflexos serão identificados mediante a implantação dos novos modelos de produção das aprendizagens.

REFERÊNCIAS

BRAGA, R. *Roteiro da atividade de sala*. Foz do Iguaçu: UniAmérica, 2015. Palestra proferida no curso MBA de Gestão da Aprendizagem.

BRASIL. [Constituição (1988)]. *Constituição da República Federativa do Brasil de 1988*. Brasília, DF: Presidência da República, [2016]. Disponível em: http://www.planalto.gov.br/ccivil_03/constituicao/constituicao.htm. Acesso em: 26 ago. 2019.

BRASIL. Lei nº 9.394, de 20 de dezembro de 1996. Estabelece as diretrizes e bases da educação nacional. *Diário Oficial [da] República Federativa do Brasil*: seção 1, Brasília, DF, p. 27833, 23 dez. 1996.

COSTA, I. E. T.; MAGDALENA, B. C. Perguntas inteligentes: o que é isto? *In*: MAGDALENA, B. C; COSTA, I. E. T. *Internet em sala de aula*: com a palavra os professores. Porto Alegre: Artmed, 2003.

CUNHA, M. I. *et al*. Inovações pedagógicas na formação inicial de professores. *In*: FERNANDES, C. M. B.; GRILLO, M. (org.). *Educação superior*: travessias e atravessamentos. Canoas: ULBRA; 2001. p. 33- 90.

DEBALD, B. S. *Plano de aprendizagem*. Foz do Iguaçu: UniAmérica, 2015. Módulo: Saberes e Práticas Docentes.

DEBALD, B. S.; GOLFETO, N. V. Desenvolvimento profissional docente no contexto das metodologias ativas de aprendizagem e da sala de aula invertida. *In*: SEMINÁRIO INTERNACIONAL DE EDUCAÇÃO SUPERIOR, 8., 2015, Porto Alegre. *Anais* [...] Porto Alegre: UFRGS, 2015.

FUSARI, J. C. O planejamento do trabalho pedagógico: algumas indagações e tentativas de respostas. *In*: FUNDAÇÃO PARA O DESENVOLVIMENTO DA EDUCAÇÃO. *A construção do projeto de ensino e a avaliação*. São Paulo: FDE, 1998. p. 44-53. (Ideias, 8.)

KUENZER, A. Z.; CALAZANS, M. J. C.; GARCIA, W. *Planejamento e educação no Brasil*. 6. ed. São Paulo: Cortez, 2003.

LUCKESI, C. C. *Avaliação da aprendizagem escolar*: estudos e preposições. 11. ed. São Paulo: Cortez, 2001.

MORETTO, V. P. *Planejamento*: planejando a educação para o desenvolvimento de competências. Petrópolis: Vozes, 2007.

SCHON, D. A. Formar professores como profissionais reflexivos. *In*: NÓVOA, A. (org.). *Os professores e sua formação*. Lisboa: Don Quixote, 1992.

9
Desenvolvimento de competências por meio de estratégias pedagógicas de aprendizagem ativa

Fausto Camargo

O talento sem a educação é como a prata na mina.
Benjamin Franklin

A digitalização do mundo está, crescentemente, conectando as pessoas e as organizações. Cultura, instituições e sociedade caminham para um universo cada vez mais inter-relacionado. Assim, estabelecem-se redes de comunicação *on-line* participativas, em tempo real, em que se apresentam notícias, fatos, novos meios de entretenimento, de ensino e de aprendizagem, com experiências inovadoras em vários países.

Trata-se de um panorama marcado por constantes mudanças que pressionam e, concomitantemente, atuam de maneira intensa, impactando na educação e até mesmo nos métodos de ensino e de aprendizagem. A velocidade das transformações que ocorrem na sociedade torna as verdades construídas no saber-fazer científico cada vez mais provisórias ou temporárias (MITRE *et al.*, 2008).

Ao conversar com estudantes (tanto da educação básica como do ensino superior), observa-se, por exemplo, a insatisfação em relação ao método tradicional de ensino, centrado no conhecimento do ministrador ou, ainda, na mera reprodução de conhecimento do docente em sala de aula. São reclamações advindas do uso de recursos tecnológicos pouco atraentes, da impaciência por não querer ficar passivamente ouvindo ou assistindo ao docente proferir palestras por longas horas e, ainda, pelo distanciamento daquilo que vivenciam profissionalmente do que é ensinado em sala de aula.

O modo como muitos docentes ensinam nos dias de hoje ainda parece ser aquele mesmo pautado e projetado na era industrial, com a mentalidade e os valores de produção e controle em massa, em que a educação, ou os processos de ensino e de aprendizagem, ocorria por lotes (com grande número de estudantes por classe), era padronizada, visto que cada estudante devia aprender a mesma coisa, ao mesmo tempo e do mesmo jeito, assistindo à quatro ou cinco horas de palestras (ou mais) todos os dias. Os estudantes seguiam as instruções dos docentes, tais como "sentar-se em sala e abrir o livro na página 15 para resolver os exercícios de 1 a 5", sendo recompensados exatamente por aquilo que foi solicitado ou mandado fazer, o que restringia a autonomia e o controle do próprio aprendiz.

Tais valores eram importantes na era industrial, e o sucesso, muitas vezes, dependia das instruções passadas pelos supervisores, que, por sua vez, seguiam estritamente normas, regulamentos, políticas e diretrizes institucionais. No entanto, tal modelo não formou pessoas criativas, que comunicam suas ideias e atuam de forma colaborativa com outros (aprendizagem em equipe). Ou seja, pouco contribuiu para o desenvolvimento de habilidades e competências fundamentais. Em síntese, as aulas representavam falações do docente e audições dos alunos, sendo a aprendizagem medida pelo volume de "conhecimentos" e de informações memorizadas, facilmente repetidas nas provas, porém nunca refletidas ou analisadas (PIMENTA; ANASTASIOU, 2002).

Nesse cenário, as mudanças e os desafios impostos pelas transformações da sociedade têm motivado muitas instituições de ensino a repensarem seus métodos de ensino e de aprendizagem. Em virtude da tecnologia, muitos estudantes têm acesso à informação na "ponta dos dedos", e o sistema não está sabendo aproveitar esses recursos. Portanto, torna-se imprescindível repensar e refletir acerca da inovação e da transformação da sala de aula.

Instituições e docentes estão começando a aderir a novos métodos de ensino e de aprendizagem, como as metodologias ativas de ensino, que aproximam a sala de aula da realidade profissional. Não obstante, com tais mudanças, o estudante passa a vivenciar novas experiências e novos desafios, que são capazes de desenvolver outras competências, como a criatividade e a autonomia, muito além daquelas previstas no ensino tradicional conteudista.

Tais premissas vão ao encontro do preconizado por Rego (2001, p. 276), ao mencionar Lee Iacocca, "[...] a competitividade de um país não começa na fábrica ou no laboratório de engenharia, mas na sala de aula". Tal observação conduz à reflexão e à necessidade de oportunizar aos estudantes a aprendizagem por meio de suas experiências, partindo de sua realidade pessoal e profissional, por meio da problematização, do questionamento e do fazer pensar, em vez da reprodução e da memorização do conhecimento, saindo, assim, de uma abordagem meramente teórica para a teórica e prática, com a finalidade de desenvolver competências.

Vale lembrar que diferentes áreas do conhecimento abordam o termo "competência" de diversas maneiras (PERRENOUD, 2013). Por exemplo, para os economistas, o valor das competências está em um mercado; os sociólogos vislumbram as competências nas normas de excelência e nos julgamentos em um campo social; os antropólogos abordam-nas como componente de uma cultura e como condição de pertencimento à comunidade, sendo produtos de uma socialização; e os psicólogos voltam-se aos mecanismos cognitivos e aos componentes emocionais do funcionamento das competências.

Portanto, não existe uma visão única acerca do assunto. A visão aqui adotada vai ao encontro da proposta por Perrenoud, como produto de uma aprendizagem, fundamentada na ação humana:

> Nas ciências da educação e nas ciências do trabalho, identifica-se um amplo consenso em torno da seguinte definição: a competência é o poder de agir com eficácia em uma situação, mobilizando e combinando, em tempo real e de modo pertinente, os recursos intelectuais e emocionais. (PERRENOUD, 2013, p. 195).

Por esse viés, desenvolve-se competência se:

1. dominar um conjunto de situações com a mesma estrutura;
2. mobilizar e combinar diversos recursos: saberes (conhecimento), habilidades (capacidades) e atitudes (valores; identidade);
3. apropriar-se de novos recursos e, se for o caso, desenvolvê-los.

Eis a importância das metodologias ativas de aprendizagem. Ressalta-se, portanto, a aplicação de estratégias pedagógicas para fomentar o aprendizado ativo, conduzindo-o para a aprendizagem efetiva ao relacionar a informação com um aspecto relevante já existente na estrutura cognitiva do aprendiz, partindo da elaboração e da aplicação do conhecimento e potencializando o desenvolvimento de competências.

Em função disso, várias estratégias podem ser empregadas. Na UniAmérica, por exemplo, os estudantes passam pela experiência ativa durante todo o curso. Com isso, percebeu-se o desenvolvimento da comunicabilidade oral e escrita, ao desafiar e convidar o estudante a expor e a argumentar sobre os desafios propostos durante as atividades realizadas em sala de aula. Dale (1969), ao propor a pirâmide de aprendizagem, corrobora essas premissas ao evidenciar a utilização de atividades de aprendizagem mais ativas, por meio de práticas colaborativas. Segundo o autor, estratégias de aprendizagem com esse foco melhoram o aprendizado e a capacidade de retenção do conhecimento.

Perrenoud *et al.* (2002, p. 114) corroboram essas reflexões quando ressaltam que as situações-problema são importantes formas e recursos de avaliação e desenvolvimento de competências. Em outras palavras, são "[...] recortes de um domínio complexo, cuja realização implica mobilizar recursos, tomar decisões e ativar esquemas" (PERRENOUD *et al.*, 2002, p. 114), propostos em diferentes áreas de conhecimento.

Ao realizar a aprendizagem ativa, renuncia-se aos exercícios repetitivos em favor de atividades que sirvam de elementos fundamentais e instigantes nas diversas áreas de atuação profissional. No curso de administração, por exemplo, o estudante tem a possibilidade de vivenciar desafios e resolver problemas, simulados ou reais, em todas as áreas de atuação profissional, durante todo o percurso acadêmico, como ocorre, por exemplo, com a aprendizagem baseada em projetos (ABPr), em que se vivencia a realização de projetos na área de gestão de pessoas, de finanças, de produção e operações e de *marketing*.

A aprendizagem baseada em projetos é uma das formas mais eficazes de envolver os estudantes nos processos de ensino e de aprendizagem (BENDER, 2014). É um formato de ensino no qual os estudantes são motivados pela busca de soluções de problemas do mundo real. Entre as competências que podem ser desenvolvidas com a aprendizagem baseada em projetos, destacam-se:

- **Leitura compreensiva:** domínio e compreensão integral dos textos lidos.
- **Múltiplas linguagens:** uso e ampliação da capacidade de expressão e argumentação oral e escrita, bem como o uso de linguagens como o desenho e a elaboração e a interpretação de gráficos.
- **Capacidade de solucionar problemas:** desenvolvimento da capacidade de resolver problemas, simulados ou reais, de várias formas e com o uso de métodos diversificados.
- **Visão sistêmica:** capacidade de compreender situações, problemas e fatos de diferentes ângulos e pontos de vista, complementares e interdependentes.
- **Iniciativa e criatividade:** capacidade de desenvolver e propor soluções instigantes e inovadoras, associando diferentes recursos às próprias potencialidades e à aprendizagem.
- **Pensamento crítico:** capacidade de elaborar reflexão e tomar decisão sobre o que acreditar ou o que fazer diante de uma constatação, observação, experiência, leitura ou argumentação, posicionando-se acerca do fato ou do fenômeno com criticidade e opinião própria.
- **Cooperação, colaboração e socialização:** capacidade de trabalhar em equipes ou times, sabendo extrair o melhor do outro e potencializando talentos e habilidades do grupo ao qual pertence, respeitando o pluralismo e a diversidade.

Como suporte ou auxílio no desenvolvimento dessas competências, algumas estratégias de aprendizagem ativa podem ser amplamente utilizadas, como, por exemplo, as expostas no Quadro 9.1.

Outra estratégia que pode ser utilizada é a sala de aula invertida (BERGMANN; SAMS, 2016), um recurso ou estratégia ativa que conduz o estudante a outras atividades. A sala de aula invertida nasceu a partir da observação de que os estudantes só precisavam realmente da presença física do docente quando estagnavam em alguma atividade e careciam de ajuda individual. Essa contestação contribuiu para

QUADRO 9.1 Estratégias de aprendizagem ativa

Estratégias pedagógicas ativas	Competências
Árvore de problemas: estratégia que visa à análise de problemas por meio da identificação das causas e dos efeitos relativos a uma questão central.	• Decomposição e análise do problema. • Associação e desenvolvimento de ideias e conceitos. • Trabalho em equipe. • Reflexão e tomada de decisão. • Argumentação. • Visão sistêmica. • Resolução de problemas.
Brainstorm com *post-its:* estratégia utilizada quando se desconhece o problema, o assunto ou o desafio, a fim de esclarecer e buscar mais informações acerca do tema. É a estratégia de geração de ideias mais conhecida.	• Troca de informações. • Criatividade. • Associação e desenvolvimento de ideias e conceitos. • Colaboração ou cooperação. • Comunicabilidade. • Resolução de problemas.
Construção de um estudo de caso: instrumento pedagógico que apresenta um problema a ser solucionado.	• Identificação de problema. • Análise de evidências. • Argumentação lógica. • Avaliação e proposição de soluções. • Tomada de decisão.
Diferentes perspectivas de um texto: estratégia que proporciona aos alunos o enriquecimento de sua visão pessoal, complementando-a com a visão ou o olhar de outros alunos por meio de diferentes visões ou perspectivas acerca de um mesmo texto.	• Leitura compreensiva do texto. • Estabelecimento de posicionamento pessoal referente ao texto ou autor. • Análise textual. • Síntese textual. • Cooperação e colaboração. • Ampliação da visão pessoal.

Fonte: adaptado de Camargo e Daros (2018).

a gravação das aulas pelos docentes. Assim, assistir aos vídeos era o dever de casa, e o tempo da sala de aula foi destinado para ajudar os estudantes com os conceitos não compreendidos, ou, ainda, para a resolução de desafios e problemas ou para a aprendizagem por projetos.

É importante lembrar que uma metodologia ativa de aprendizagem pode ser utilizada em diversas situações e contextos, dependendo do objetivo e da competência que se espera desenvolver, inclusive como estratégia de avaliação formativa.

A avaliação é compreendida como formativa, sendo utilizada como instrumento de *feedback* (retroinformação), o que motiva o estudante a aprender, visto que colabora para o desenvolvimento integral do aluno, acompanhando-o em seu processo de aprendizagem de forma contínua, por meio da colaboração com colegas e docentes, ampliando e aprofundando sua aprendizagem.

Na perspectiva formativa, o processo de avaliação decorre e efetiva-se com o objetivo de ajudar o estudante a aprender e a se desenvolver (PERRENOUD, 1999), uma vez que possibilita a participação ativa na construção de conhecimentos, levando à compreensão do que e como fazem, o que possibilita que os estudantes aprendam mais (FERNANDES, 2006). O caráter ativo da avaliação formativa permite o desenvolvimento e a aplicação de estratégias de avaliação, com o objetivo de promover e ampliar a aprendizagem.

Nos processos de ensino e de aprendizagem, podem ser utilizados diversos instrumentos avaliativos, como apresentação em grupo, individual, tripartida (entrega de relatório por grupo; entrega individual por estudante de cada parte do projeto; relato individual acerca do processo de trabalho do grupo, interligado com a teoria); trabalhos individuais baseados em casos; portfólio; autoavaliação; avaliação por pares; avaliação do tutor; e relatórios (MARTINS; ESPEJO, 2015). Algumas instituições atribuem diferentes pesos ao relatório ou artigo científico, à participação, à responsabilidade e ao desenvolvimento em aula, aos seminários de apresentação (parcial e final) e a autoavaliação e avaliação por pares (ARAÚJO; ARANTES, 2009). Assim, muitas estratégias utilizadas para fomentar o aprendizado ativo podem ser usadas como parte do processo avaliativo formativo, como a aprendizagem baseada em times (TBL, do inglês *team-based learning*) (BOLELLA *et al.*, 2014; KHOGALI, 2013).

A TBL é uma estratégia de abordagem ativa desenvolvida pelo professor de administração Larry Michaelsen, na década de 1970, na University of Oklahoma, nos Estados Unidos. O método envolve gerenciamento de equipes, realização de tarefas de preparação e aplicação conceitual, *feedback* e avaliação entre pares (colegas). Espera-se, com essa estratégia, um alto grau de comprometimento individual em prol do grupo, por meio da aquisição de confiança entre os membros da equipe (MICHAELSEN; KNIGHT; FINK, 2002).

A TBL constitui um método alternativo de ensino e aprendizagem, no qual é entregue uma prova ou um teste (avaliação como garantia de preparo) referente a um texto ou capítulo de livro, ou mesmo ao conteúdo disponível *on-line* (integrando a sala de aula invertida) ou no ambiente virtual de aprendizagem (BOLELLA *et al.*, 2014). Cada participante deve responder, primeiramente, ao formulário-teste de garantia de preparo individual e anotar suas respostas em um gabarito individual.

Em seguida, os times (formados pelo docente) discutem os conceitos para, posteriormente, preencherem o gabarito com o resultado da discussão (BOLELLA *et al.*, 2014; KHOGALI, 2013). Ao final, o professor divulga o gabarito com as respostas, e o estudante mensura sua nota individual e grupal. O docente pode usar diferentes pesos para compor a nota final, contemplando a nota individual e coletiva.

A aplicação da TBL conduz o aluno a obter resultados de aprendizagem maiores do que aqueles obtidos individualmente (MICHAELSEN; SWEET, 2008), proporcionando benefícios aos estudantes (progressão além da simples aprendizagem conceitual), aos docentes (desenvolvimento de relação mais próxima com o estudante) e às instituições de ensino superior (garante melhor qualidade nos processos de ensino e de aprendizagem).

Por meio da TBL, é possível perceber um aumento no resultado do desempenho do estudante (CAMARGO; PITAGUARI; DALBERTO, 2017) em relação ao resultado individual, a partir do desenvolvimento do trabalho em equipe. Assim, na resolução da avaliação como garantia de preparo em time, é essencial que todos se envolvam para um melhor desempenho (MICHAELSEN; SWEET, 2008).

A aplicação dessas avaliações, ou atividades de TBL, na UniAmérica, realizadas em uma segunda-feira, possibilitou, no decorrer da semana (de terça a sexta-feira), que se aprofundasse outras atividades por meio de estratégias de aprendizagem ativa, tais como a aprendizagem baseada em problemas (ABP), aplicada à resolução de desafios simulados e reais; o desenvolvimento do projeto integrador; e estratégias como o *peer instruction*[1] (MAZUR, 2015), com estreita ligação com o conteúdo abordado anteriormente na TBL, ressaltando a importância desta como avaliação formativa e, ao mesmo tempo, integrando-a a outras estratégias de aprendizagem ativa, em sequência didática, de forma a integrar e possibilitar um melhor rendimento no desenvolvimento de competências.

Criar condições de haver participação mais ativa dos estudantes implica, necessariamente, uma mudança da prática e o desenvolvimento de estratégias que garantam a organização de um aprendizado mais interativo e ligado com as situações reais (PERRENOUD, 1999).

---

[1] *Peer instruction*, ou instrução por pares, trata-se de uma estratégia pedagógica proposta por Eric Mazur em suas aulas de física na Harvard University, Estados Unidos.

A partir dessas reflexões, percebeu-se que as metodologias ativas de aprendizagem podem ser combinadas e integradas de diversas formas, potencializando ou otimizando o aprendizado do estudante. O modelo de ensino híbrido da UniAmérica[2] proporciona a aplicação, conforme exemplificado na Figura 9.1.

Outro exemplo é apresentado na Figura 9.2, relacionado com duas semanas de atividades planejadas para o curso de administração, módulo de *marketing*, demonstrando, didaticamente, a integração de estratégias pedagógicas de aprendizagem ativa, bem como sua íntima integração e sequenciamento, visando ao desenvolvimento de competências.

Torna-se fundamental integrar e adaptar estratégias de acordo com o contexto. Desse modo, pode-se usar uma estratégia pedagógica ativa voltada para a resolução de problemas com o apoio de um texto científico para a análise de estudo de caso, ou, ainda, a partir de uma unidade de aprendizagem (UA).

As metodologias ativas apresentam-se como alternativas que proporcionam ao estudante a capacidade de transitar de maneira autônoma, tornando-o capaz de enfrentar e resolver problemas e conflitos do campo profissional. Estão alicerçadas na autonomia e no protagonismo do estudante e têm como foco o desenvolvimento de competências e habilidades, com base na aprendizagem colaborativa e na interdisciplinaridade.

Competências

| Semana 1 – *on-line* |
| Sala de aula invertida |

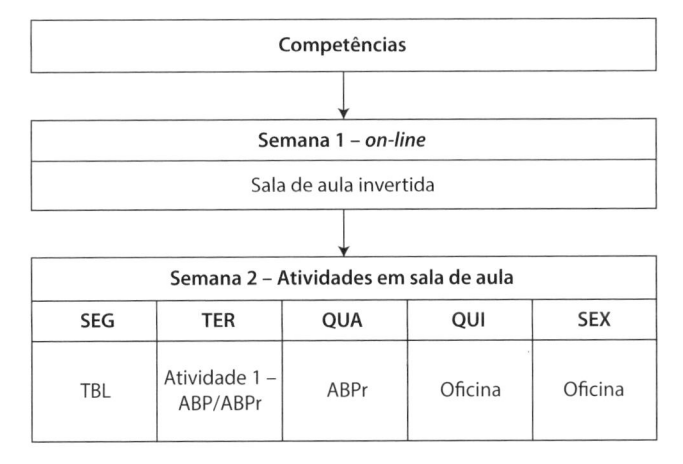

Semana 2 – Atividades em sala de aula				
SEG	TER	QUA	QUI	SEX
TBL	Atividade 1 – ABP/ABPr	ABPr	Oficina	Oficina

Figura 9.1 Metodologias ativas de aprendizagem no modelo híbrido da UniAmérica.

---

[2] Ensino híbrido: 7 lições da UniAmérica para a aprendizagem efetiva. Disponível em: http://desafiosdaeducacao.com.br/ensino-hibrido-7-licoes-da-uniamerica/. Acesso em: 10 dez. 2017.

```
┌─────────────────────────────────────────┐
│          Competência geral              │
├─────────────────────────────────────────┤
│      Realizar estudo de mercado.        │
└─────────────────────────────────────────┘
                    ↓
┌─────────────────────────────────────────┐
│        Competências específicas         │
├─────────────────────────────────────────┤
│ 1. Construir as etapas que implicam o estudo de mercado.
│ 2. Identificar e trabalhar as melhores fontes para o
│    desenvolvimento do estudo de mercado.
│ 3. Analisar dados primários e secundários
│    e compilar estudos de mercado.       │
└─────────────────────────────────────────┘
                    ↓
┌─────────────────────────────────────────┐
│         Semana 1 – on-line              │
├─────────────────────────────────────────┤
│ Sala de aula invertida – Conhecimentos a serem estudados │
├─────────────────────────────────────────┤
│ 1. UA: Análise de mercado.
│ 2. UA: Dimensionamento de mercado.
│ 3. UA: Estatística aplicada ao estudo de mercado. │
└─────────────────────────────────────────┘
                    ↓
```

Semana 2 – Atividades em sala de aula

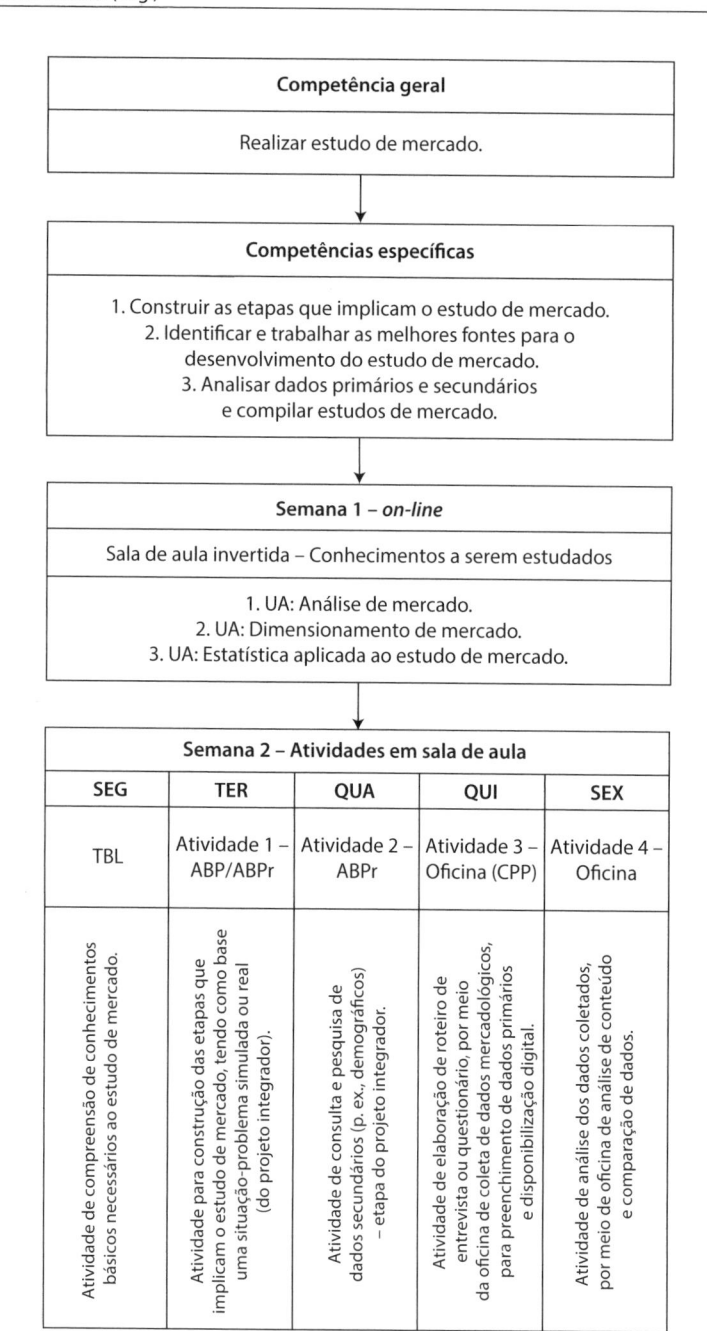

SEG	TER	QUA	QUI	SEX
TBL	Atividade 1 – ABP/ABPr	Atividade 2 – ABPr	Atividade 3 – Oficina (CPP)	Atividade 4 – Oficina
Atividade de compreensão de conhecimentos básicos necessários ao estudo de mercado.	Atividade para construção das etapas que implicam o estudo de mercado, tendo como base uma situação-problema simulada ou real (do projeto integrador).	Atividade de consulta e pesquisa de dados secundários (p. ex., demográficos) – etapa do projeto integrador.	Atividade de elaboração de roteiro de entrevista ou questionário, por meio da oficina de coleta de dados mercadológicos, para preenchimento de dados primários e disponibilização digital.	Atividade de análise dos dados coletados, por meio de oficina de análise de conteúdo e comparação de dados.

Figura 9.2 Integração de estratégias pedagógicas de aprendizagem ativa: cronograma de atividades.

Assim, as metodologias ativas de aprendizagem proporcionam:

- Desenvolvimento efetivo de competências para a vida profissional e pessoal.
- Visão transdisciplinar do conhecimento.
- Visão empreendedora.
- Protagonismo do estudante, colocando-o como sujeito da aprendizagem.
- Nova postura docente, agora como facilitador, mediador.
- Geração de ideias, conhecimento e reflexão, em vez da memorização e da reprodução de conhecimento.

A abordagem ativa de aprendizagem permite a construção conjunta e interativa do conhecimento, conduzindo para uma aprendizagem significativa, que possibilita a contextualização com a realidade (pessoal e profissional) do estudante.

É importante considerar que, independentemente da estratégia pedagógica, a prática educativa necessita de planejamento e sistematização, os quais auxiliam os docentes na primeira etapa da construção coletiva (plano de aprendizagem), para, depois, no decorrer do semestre ou ano letivo, construírem coletivamente o conhecimento com os estudantes. Essa etapa compreende as competências que se espera que sejam desenvolvidas, vinculadas à aplicação das metodologias ativas e às atividades realizadas em sala de aula.

Portanto, é fundamental a participação integrada de docente e instituição no processo. Uma vez realizados o planejamento e a proposição, é possível ensinar e esperar resultados mais efetivos, desenvolvendo, de fato, competências pessoais e profissionais (CPP) intimamente conectadas à realidade pessoal e profissional do estudante.

REFERÊNCIAS

ARAÚJO, U. F.; ARANTES, V. A. Comunidade, conhecimento e resolução de problemas: o projeto acadêmico da USP Leste. *In*: ARAÚJO, U. F.; SASTRE, G. (org.). *Aprendizagem baseada em problemas no ensino superior*. São Paulo: Summus, 2009. p. 101-122.

BENDER, W. N. *Aprendizagem baseada em projetos*: educação diferenciada para o século XXI. Porto Alegre: Penso, 2014.

BERGMANN, J.; SAMS, A. *Sala de aula invertida*: uma metodologia ativa de aprendizagem. Rio de Janeiro: LTC, 2016.

BOLLELA, V. R. *et al*. Aprendizagem baseada em equipes: da teoria à prática. *Medicina (Ribeirão Preto)*, v. 47, n. 3, p. 293-300, 2014.

CAMARGO, F.; DAROS, T. *A sala de aula inovadora*: estratégias para fomentar o aprendizado ativo. Porto Alegre: Penso, 2018.

CAMARGO, F.; PITAGUARI, A.; DALBERTO, D. M. O uso do team-based learning como estratégia de avaliação formativa no curso de administração da UniAmérica. *Pleiade*, v. 11, n. 21, p. 77-89, 2017.

DALE, E. *Audio-visual methods in teaching*. 3rd ed. New York: Dryden, 1969.

FERNANDES, D. Para uma teoria da avaliação formativa. *Revista Portuguesa de Educação*, v. 19, n. 2, p. 21-50, 2006.

KHOGALI, S. E. Team-based learning: a practical guide: guide suplemente 65.1: viewpoint 1. *Medical Teacher*, v. 35, n. 2, p. 163-165, 2013.

MARTINS, D. B.; ESPEJO, M. M. S. B. *Problem based learning*: PBL no ensino de contabilidade: guia orientativo para professores e estudantes da nova geração. São Paulo: Atlas, 2015.

MAZUR, E. *Peer instruction*: a revolução da aprendizagem ativa. Porto Alegre: Penso, 2015.

MICHAELSEN, L. K.; KNIGHT, A. B.; FINK, L. D. (ed.). *Team-based learning*: a transformative use of small groups. Westport: Praeger, 2002.

MICHAELSEN, L.; SWEET, M. Fundamental principles and practices of team-based learning [internet]. *In*: MICHAELSEN, L. et al. (ed.). *Team-based learning for health professions education*: a guide to using small groups for improving learning. Sterling: Stylus, 2007. p. 9-34.

MITRE, S. M. et al. Metodologias ativas de ensino-aprendizagem na formação profissional em saúde: debates atuais. *Ciência & Saúde Coletiva*, v. 13, p. 2133-2144, 2008. Suplemento 2.

PERRENOUD, P. *Avaliação*: da excelência à regulação das aprendizagens: entre duas lógicas. Porto Alegre: Artmed, 1999.

PERRENOUD, P. *Desenvolver competências ou ensinar saberes?*: a escola que prepara para a vida. Porto Alegre: Penso, 2013.

PERRENOUD, P. et al. *As competências para ensinar no século XXI*: a formação dos professores e o desafio da avaliação. Porto Alegre: Artmed, 2002.

PIMENTA, S. G.; ANASTASIOU, L. G. C. *Docência no ensino superior*. São Paulo: Corte, 2002.

REGO, A. Eficácia comunicacional na docência universitária: a perspectiva de estudantes e professores. *Psicologia*: teoria e pesquisa, v. 17, n. 3, p. 275-284, 2001. Disponível em: http://www.scielo.br/pdf/ptp/v17n3/8818.pdf. Acesso em: 26 ago. 2019.

10

Planejamento integrado no curso de psicologia

Lissia Pinheiro Shataloff

> *A educação é um seguro para a vida e um passaporte para a eternidade.*
> Antonio Guijarro

Abordar o tema planejamento não é algo simples, principalmente quando envolve a magnitude que é a formação de estudantes de graduação. O planejamento parece ser capaz de solucionar muitos problemas, mas também de gerar tantos outros se não for realizado de maneira correta, coerente e para os fins a que se propõe. O termo planejar vem do latim *planus*, "plano; chão; nivelado". O sufixo *-mento* procede do latim *mentu* e forma substantivos derivados de verbos.

A palavra planejamento surgiu no século XX, e, segundo Houaiss e Villar (2001), significa:

1. ação de preparar um trabalho, ou um objetivo, de forma sistemática; planificação;
2. ação ou efeito de planejar, elaborar um plano;
3. determinação de etapas, procedimentos ou meios que devem ser usados no desenvolvimento de um trabalho, festa, evento.

A partir dessas definições, planejar um curso de graduação, no caso o de psicologia, significa pensar em profundidade e de maneira sistemática como será a estrutura do curso e o que se quer atingir com os objetivos de aprendizagem.

Assim, iniciamos a construção do planejamento do curso de psicologia integrando ou, melhor, incorporando partes, as quais formam um todo, que é o curso em si. Ou seja, precisamos integrar e incorporar ao planejamento tanto os conteúdos específicos teórico-práticos do curso de psicologia quanto as outras partes que compõem esse todo, como, por exemplo, o perfil do egresso, o perfil do corpo docente e até mesmo a identidade da profissão.

Pensar no curso de psicologia é questionar, por exemplo: que perfil de egresso queremos formar? Que tipo de inserção social queremos ter? Qual a finalidade ou os objetivos de nossas ações ou projetos no curso? Que tipo de vínculo queremos com a nossa comunidade? São perguntas que não só ajudam a estabelecer a identidade do egresso do curso de psicologia, mas também, considerando o âmbito mais amplo, a fortalecer a identidade da profissão.

Um dos aspectos criticados no currículo do curso de psicologia é a dissociação ou desagregação existente entre o que é visto em sala de aula e a realidade social vivida. No entanto, isso talvez seja um reflexo da própria psicologia como ciência, que não tem sido capaz de, ao falar do fenômeno psicológico, falar de vida, das condições econômicas, sociais e culturais nas quais as pessoas se inserem. Fala-se da identidade das mulheres sem se falar das características machistas de nossa cultura; fala-se de habilidades e aptidões de um sujeito sem se falar das suas reais possibilidades de acesso à cultura; fala-se do psicológico sem falar do cultural e do social (BOCK; GONÇALVES; FURTADO, 2007).

Trazendo tudo isso para a realidade do planejamento do curso de psicologia, precisamos, então, reforçar a necessidade de agregar ao estudo da ciência psicológica os aspectos do meio social e cultural, por exemplo. Para isso, são válidas perguntas como: estamos formando profissionais para trabalhar onde? Para fazer o quê? Para atender a que tipo de demandas? Esse pensamento possibilita uma aprendizagem mais contextualizada dentro da realidade das pessoas que formam aquela comunidade e o vínculo que a psicologia precisa manter com a sociedade, "[...] vínculo este de compromisso com as necessidades e demandas da maioria da população brasileira" (BOCK, 1999, p. 315).

É necessário falar de como trabalhamos os conteúdos com os estudantes e abordar a construção do perfil do egresso dentro do planejamento do curso. Também, é preciso verificar quais são os valores e os princípios da instituição e qual o vínculo construído com seu corpo de funcionários e docentes. Um aspecto importante dentro do que a instituição se propõe é desenvolver um pensamento reflexivo no estudante. Nesse sentido, sintetizamos as ideias que Dewey (1959, p. 179-180) mencionava:

> [...] primeiro, que o aluno esteja em uma verdadeira situação de experiência – que haja uma atividade contínua a interessá-lo por si mesma; segundo, que um

verdadeiro problema se desenvolva nesta situação como um estímulo para o ato de pensar; terceiro, que ele tenha os conhecimentos informativos necessários para agir nessa situação e faça as observações necessárias para o mesmo fim; quarto, que lhe ocorram sugestões para a solução e que fique a cargo dele desenvolvê-las de modo bem ordenado; quinto, que tenha oportunidades para pôr em prova suas ideias, aplicando-as, tornando-lhes clara a significação e descobrindo por si próprio o valor delas.

As atividades em sala requerem planejamento, visando à aplicabilidade do conhecimento previamente adquirido. Esse planejamento também requer que se analise de maneira apurada quem são os estudantes, visto que não se pode dar aula da mesma forma para estudantes diferentes ou para grupos com motivações diversas. Assim, faz-se necessário adaptar a metodologia e as técnicas de comunicação a cada grupo (MORAN, 2000).

O planejamento das aulas, por exemplo, precisa ter como um dos objetivos oferecer suporte para que estudantes e docentes se organizem, saibam onde querem chegar e de que maneira atingirão seus objetivos de aprendizagem. Afinal, a aprendizagem é um processo dinâmico e de construção diária. As atividades de sala não podem visar somente ao conteúdo específico da matéria, pois educar também envolve ajudar os estudantes na construção de sua identidade e de seu projeto de vida pessoal e profissional, no desenvolvimento de suas habilidades socioemocionais e na construção de cidadania.

Nesse sentido, o planejamento das atividades requer o envolvimento de planos de contingências, ou seja, atividades que, de acordo com a demanda do momento, possam ser adaptadas para atender à necessidade daquele momento. É preciso equilibrar a ideia de flexibilidade e organização.

Segundo Moran (2000, p. 1),

> Com a flexibilidade procuramos adaptar-nos às diferenças individuais, respeitar os diversos ritmos de aprendizagem, integrar as diferenças locais e os contextos culturais. Com a organização, buscamos gerenciar as divergências, os tempos, os conteúdos, os custos, estabelecemos os parâmetros fundamentais. Avançaremos mais se soubermos adaptar os programas previstos às necessidades dos alunos, criando conexões com o cotidiano, com o inesperado, se transformarmos a sala de aula em uma comunidade de investigação.

O planejamento integrado das aulas é um desafio para o corpo docente, uma vez que é necessário desconstruir a ideia da "minha aula" e mudar para a ideia da "nossa aula". As aulas são interdependentes, e o plano de aulas dos docentes necessita do encadeamento dos conteúdos que serão apresentados e trabalhados em sala, para que o estudante vivencie um contínuo crescente no seu aprendizado e desenvolvimento. Dessa forma, os conteúdos precisam ser pensados em espiral e de maneira coerente.

Bruner e Goodman (1947) defendiam que o objetivo de ensinar não é transmitir conhecimentos, mas ensinar os estudantes a pensar e a resolver problemas por si mesmos. Falavam também sobre uma participação ativa do estudante no processo de aprendizagem, propondo o conceito de "aprendizagem por descoberta". Em sua proposta, os docentes devem criar condições para que as crianças, ao explorarem situações e tentarem resolver problemas, "descubram" o conteúdo essencial que será aprendido e o incorporem, significativamente, em sua estrutura cognitiva. Além disso, os autores defenderam o chamado "currículo em espiral", um método de ensino que consiste na apresentação de conceitos básicos que são ensinados em um primeiro momento e, depois, revistos em diferentes anos, sempre aumentando o nível de profundidade, complexidade e modos de representação. Assim, os estudantes primeiro aprendem o básico sobre um assunto, depois passam a revisitar esse conteúdo e a incorporar outros conhecimentos mais complexos sobre o mesmo fenômeno, como em uma espiral.

Usamos um modelo de planejamento que dialoga com o proposto por Bruner e Goodman, pois pensamos em conteúdos que não sejam pré-requisitos e que vão se somando e se conectando. Dessa forma, tornamos o ensinar algo compartilhado e construído em conjunto. A aquisição da informação, dos dados, dependerá cada vez menos do docente. O processo de aprendizagem será, portanto, orientado e coordenado pelo professor, mas com profunda participação dos estudantes, de maneira individual ou em grupo, e as tecnologias ajudarão muito nisso.

Vale ressaltar que o docente é um facilitador que procura ajudar para que cada aluno consiga avançar no processo de aprender, tendo ele um papel decisivo para o bom êxito do ensino e da aprendizagem. Para que haja, de fato, a interpendência, é necessária uma boa dose de comunicação, diálogo aberto, confiança mútua, companheirismo, cooperação e espírito de equipe entre os docentes. Outro fator importante no planejamento é equilibrar as expectativas dos estudantes, da instituição, dos próprios docentes e da comunidade. O docente "[...] procura facilitar a fluência, a boa organização e a adaptação do curso a cada estudante, mas há limites que todos levarão em consideração" (MORAN, 2000, p. 2).

O planejamento das atividades de sala de aula é o reflexo da matriz curricular e representa que profissional queremos formar. Assim, a matriz curricular do curso de psicologia busca formar um profissional com forte princípio humanista, crítico e reflexivo, capaz de intervir no comportamento humano, levando em consideração seus aspectos biológicos, afetivos, cognitivos e sociais com ética e respeito a todos. O docente deve entender a orientação metodológica no sentido de o estudante ser um agente ativo do seu processo de formação, buscando, por meio da observação e da experimentação, uma compreensão aprofundada do conhecimento e dos fenômenos em estudo.

Muitas vezes, a organização curricular dos cursos superiores ocorre de forma segmentada em dois polos: o teórico e o prático. O teórico, desenvolvido em sala de aula, valoriza os conhecimentos teóricos, acadêmicos, atribuindo pouca importância para as atividades práticas, igualmente fundamentais para o processo de formação. O segundo polo valoriza a prática, a experimentação, os estágios, desconsiderando a importância da dimensão teórica como base e fundamentação para a seleção e a análise de atividades práticas e ações interventivas. Tal postura revela, por um lado, uma compreensão aplicacionista da teoria, e, por outro, uma visão ativista da prática; como se os cursos de graduação se constituíssem de momentos de prescrição e análise e outros de execução.

No curso de psicologia, a perspectiva é de superação dessa concepção, compreendendo a prática como uma dimensão do conhecimento que está presente desde o processo inicial de formação, nos momentos em que se trabalha a reflexão sobre a atividade profissional, bem como nos momentos em que se exercita a atividade profissional. Por isso, o princípio metodológico norteador é de que todo o fazer implica uma reflexão e toda a reflexão implica uma prática, ainda que nem sempre esta se materialize. Além disso, não se trata de explicitar qual dimensão deve ter prioridade ou ser o ponto de partida na formação profissional, uma vez que, no processo de construção de sua autonomia intelectual, é importante que o profissional compreenda aquilo que faz, tanto na teoria quanto na prática.

As atividades práticas desenvolvidas ao longo do curso de psicologia não se constituem em atividades isoladas e desarticuladas. Elas são compreendidas como momentos do processo de formação nos quais o estudante interage com o conhecimento mediatizado pela realidade, em situações que exigem o uso dos conhecimentos construídos em sala de aula e conhecimentos prévios, de diferentes naturezas e oriundos de experiências diversas e em variados tempos e espaços curriculares.

Nesse sentido, a espiral curricular do curso de psicologia propõe situações didático-pedagógicas nas quais os futuros profissionais articulam as dimensões teoria e prática, discutindo temáticas apoiadas em exemplos de situações vivenciadas, tornando a aprendizagem significativa. Dessa forma, se o professor deve provocar a aprendizagem, também o planejamento da aula deve levar em consideração que o mais importante é elaborar perguntas que instiguem o aluno a vivenciar a busca e a exercitar as várias possibilidades de resposta; afinal, esse é o exercício que conduz à aprendizagem significativa (PAULA; BIDA, 2008). Segundo Santos (2008, p. 65 *apud* PAULA; BIDA, 2008, p. 6), o docente deve "[...] 'provocar a sede' de aprender, problematizando o conteúdo, tornando-o interessante e não tirar o sabor da descoberta dando respostas prontas".

> Uma das primeiras condições para ser professor é dominar com segurança o conteúdo a ser trabalhado, pois somente assim será possível planejar aulas realmente interessantes, instigantes, que provoquem a turma a buscar respostas. Quando o docente apresenta o conteúdo esmiuçado, os estudantes copiam o texto seguido das respostas e pronto, não têm mais nada para fazer. (PAULA; BIDA, 2008, p. 6).

Portanto, é imprescindível estudar o conteúdo, utilizar textos curtos e fazer questionamentos que conduzam à reflexão. O desafio aos estudantes pode ser feito com uma pergunta bem-elaborada, um recorte de jornal, uma fotografia, uma cena de um filme, um vídeo ou uma pequena história, por exemplo. Para isso, é suficiente observar a realidade social, que está repleta de situações que podem servir como ponto de partida para a introdução de diversos conteúdos.

A orientação curricular do curso requer a busca do atendimento às novas realidades de uma sociedade marcada por profundas influências da ciência, da tecnologia e da informação por meio da transformação de antigos comportamentos e éticas, tanto nas relações de trabalho quanto na cultura, no lazer e na própria organização da vida pessoal. O que se busca é uma visão de ensino superior, de ensino e de -aprendizagem significativa e voltada para o futuro – que se torna presente cada vez mais rápido.

É importante pensar na formação de um corpo discente apto a aprender a aprender e a implementar comportamentos de autonomia, participação, criatividade e atuação coletiva. Entendemos que não podem ser menosprezados o desenvolvimento, ou fortalecimento, de novos valores, atitudes e comportamentos, a par de seus compromissos técnicos e científicos. Enfatizamos também a importância do diálogo plural entre as diversas áreas do conhecimento e do amadurecimento de suas ações conjuntas.

A proposta é que, paralelamente à aquisição das habilidades e competências profissionais, o estudante também desenvolva o senso crítico e a noção de que constrói e é construído pela realidade social que o rodeia, podendo, assim, inserir-se mais ativamente no âmbito social. O desafio de buscar constantemente novos caminhos é uma atitude inerente à função docente, e, com isso, abrimos a possibilidade de sermos mais eficientes em nosso modo de ensinar, proporcionando mais progresso pessoal e social para os estudantes e, consequentemente, mais realização para todos nós.

A prática do planejamento integrado tem demonstrado, ao longo do tempo de implementação, ricas e construtivas experiências. Do ponto de vista docente, é enriquecedor, em função das trocas de experiências e do conhecimento interdisciplinar que se faz necessário para que esse planejamento funcione como o esperado. Pensar em conjunto é, até certo ponto, mais difícil, porém torna-se um processo mais criativo e dinâmico. Um dos desafios dessa condição é a questão da organização do tempo para planejar em conjunto (corpo docente) as aulas do semestre, de modo a ajudar mutuamente na elaboração de atividades que se complementem e que sejam, ao mesmo tempo, criativas, dinâmicas e que façam sentido na aprendizagem. Uma vez rompida a barreira da disponibilidade de tempo para esse planejamento, o estabelecimento dos conteúdos e a elaboração das atividades são os passos seguintes a serem realizados.

O estabelecimento dos conteúdos está diretamente relacionado com as diretrizes curriculares nacionais do curso e com todo o contexto da formação do profissional. Já as atividades de sala exigem dedicação em sua elaboração, pois a teoria precisa ser aplicada em sala. Podemos utilizar, por exemplo, o método dialético de Gasparin (2001, p. 8), que apresenta como forma de trabalho a prática-teoria-prática, em que o primeiro passo – a prática – consiste em conhecer, por meio do diálogo com os alunos, qual a vivência cotidiana do conteúdo, antes que este que lhes seja ensinado em aula. O segundo passo – a teoria – tem início com uma breve discussão sobre o conteúdo, buscando identificar as razões pelas quais ele merece ou precisa ser aprendido. Em seguida, transforma-se esse conhecimento em questões problematizadoras, levando em consideração as suas dimensões científica, conceitual, cultural, histórica, social, política, ética, etc. Então, o conteúdo formal e abstrato é apresentado e contrastado com a vivência cotidiana desse mesmo conhecimento, a fim de que os alunos elaborem uma síntese e assumam uma nova postura mental, reunificando o cotidiano com o científico em uma nova totalidade concreta. A terceira fase – a prática – engloba as possíveis aplicações do conteúdo aprendido e as ações que os estudantes se propõem a realizar para que isso aconteça.

O corpo discente é coparticipante ativo dessa construção, e, como resultado dessas experiências, percebemos que os estudantes desenvolvem maior senso crítico, autonomia, clareza de/nos posicionamentos, com maior associação de ideias, sendo mais entusiasmados, comprometidos e buscando construir seu conhecimento e aprendizado de maneira significativa, o que possibilita a eles uma atuação social transformadora. Nesse sentido, ressaltamos a importância de entender o papel docente, mediador e/ou facilitador, que é ajudar para que os estudantes aprendam, sejam autônomos e cidadãos do bem e que contribuam para uma sociedade melhor.

Do ponto de vista dos estudantes, percebemos que a aprendizagem é facilitada porque os conteúdos trabalhados têm sequência e encadeamento lógico, além de os assuntos serem abordados por diferentes docentes, o que possibilita uma variedade de pontos de vista para uma mesma temática em questão. Os estudantes sabem, desde o início do semestre letivo, quais conteúdos serão estudados, tanto no estudo individual quanto em sala de aula, bem como quem será(ão) o(s) professor(es) daquela(s) aula(s), possibilitando uma visão de conjunto de todo o semestre e do módulo a ser estudado. Um dos efeitos positivos desse plano integrado e sistematizado é a percepção de segurança e organização por parte do corpo discente da instituição, pois possibilita que o aluno amplie seus conhecimentos, uma vez que já sabe antecipadamente o caminho a ser percorrido durante o seu processo de aprendizagem para aquisição de conhecimento.

Consideramos fundamental pensar, enquanto planejamento integrado, que estamos trabalhando com os alunos, e não para os alunos, e que estar abertos a mudanças de planos, adaptações e ajustes ao longo do processo faz parte e é saudável.

REFERÊNCIAS

BOCK, A. M. B. A psicologia a caminho do novo século: identidade profissional e compromisso social. *Estudos de Psicologia*, v. 4, n. 2, p. 315-329, 1999.

BOCK, A. M. B.; GONÇALVES, M. G. M.; FURTADO, O. (org.). *Psicologia sócio-histórica*: uma perspectiva crítica em psicologia. 3. ed. São Paulo; Cortez, 2007.

BRUNER, J. S.; GOODMAN, C. C. Value and need as organizing factors in perception. *Journal of Abnormal and Social Psychology*, v. 42, n. 1, p. 33-44, 1947.

DEWEY, J. *Democracia e educação*: introdução à filosofia da educação. 3. ed. São Paulo: Nacional, 1959. Obra originalmente publicada em 1916.

GASPARIN, J. L. Motivar para aprendizagem significativa. *Jornal Mundo Jovem*, n. 314, p. 8, 2001.

HOUAISS, A.; VILLAR, M. de S. *Dicionário Houaiss de Língua Portuguesa*. Rio de Janeiro: Objetiva, 2001.

MORAN, J. Transformar as aulas em pesquisa e comunicação presencial-virtual. *Revista Interações*, v. 5, p. 57-72, 2000.

PAULA, G. M.; BIDA, G. L. *A importância da aprendizagem significativa*. [2008?]. Disponível em: http://www.diaadiaeducacao.pr.gov.br/portals/pde/arquivos/1779-8.pdf. Acesso em: 26 ago. 2019.

SANTOS, J. C. F. *Aprendizagem significativa*: modalidades de aprendizagem e o papel do professor. Porto Alegre: Mediação, 2008.

11

O retorno da Paideia grega em forma de Paideia digital

Rui Fava

> *Buscar soluções do passado pode ser uma forma de inovar e progredir. Afinal, a história anda em caracol, voltar ao passado faz parte do caminhar e da evolução.*
> Rui Fava

Cada fase da história é uma encruzilhada, um trajeto percorrido que exala o passado para o presente. O porvir poderá ser uma profusão de caminhos distintos para se optar: uns são mais largos, planos, bem-sinalizados, talvez mais plausíveis e fáceis de serem seguidos. Ocasionalmente, a história ou os personagens que a constroem optam por incógnitas veredas, promovem translações inesperadas, intempestivas, audaciosas, por tantas vezes temerárias. A importância da história é que nos exibe o amplo horizonte da humanidade, oferecendo os conteúdos que fundamentam princípios, conceitos, arquétipos; indica critérios de avaliação do presente, ensina a mirar possibilidades em realizações tantas vezes imperceptíveis. É veraz que a experiência do presente se compreende mais bem refletida no espelho do passado.

A história retrata o como e, muitas vezes, elucida o porquê. Expressar o como significa reconstruir acontecimentos específicos que conduziram de um ponto a outro. Já clarificar o porquê significa encontrar conexões causais entre as séries de ocorrências singulares em detrimento de todas as outras. Diferentemente da física, da economia, da contabilidade, a história não é um meio de fazer previsões exatas. Ninguém estuda o passado para conhecer, pressagiar, vaticinar, augurar o futuro, e sim para rastrear um *benchmarking*, ampliar os horizontes, encontrar mais possibilidades, melhores alternativas para escolher, projetar, criar o futuro que tencionamos quimerizar. Assim, faz-se necessário estudar a evolução da educação por meio de sua história (Figura 11.1).

As transformações culturais e políticas do século V a.C. geraram aflição, ansiedade e preocupação na sociedade grega, não muito diferente do que estamos vivenciando hoje com as mutações causadas pela tecnologia digital. Muitas soluções foram propostas. Os sofistas eram professores itinerantes que percorriam as cidades ensinando, mediante pagamento, a arte da retórica. Apresentavam planos de estudos cuja principal finalidade era introduzir o cidadão na vida política, e foram muito questionados, principalmente por Aristóteles e Platão. Para Aristóteles, os sofistas ensinavam a argumentação sobre qualquer assunto, sem o afligimento se as premissas eram legítimas, lícitas e verdadeiras. Em outras palavras, segundo Aristóteles, os sofistas não estavam preocupados com a busca da verdade, mas sim com o aprimoramento para vencer discussões e embates, afinal, acreditavam que a verdade é relativa, dependente do local, do contexto, do indivíduo e do tempo em que o homem está inserido.

Os contextos histórico e sociopolítico são marcantes para que se compreenda as transformações nos modelos educacionais e qual a concepção e as atribuições dos sofistas para a sociedade grega da época. Nesse período, Anaxágoras (500-428 a.C.) era a estrela e o filósofo oficial de Atenas, bem como o responsável pelos ditames da educação, uma vez que não havia um sistema público de ensino superior. Tais agruras faziam as famílias que podiam pagar recorrerem aos sofistas para preparem seus filhos para os obstáculos que enfrentariam na vida adulta, como, por exemplo,

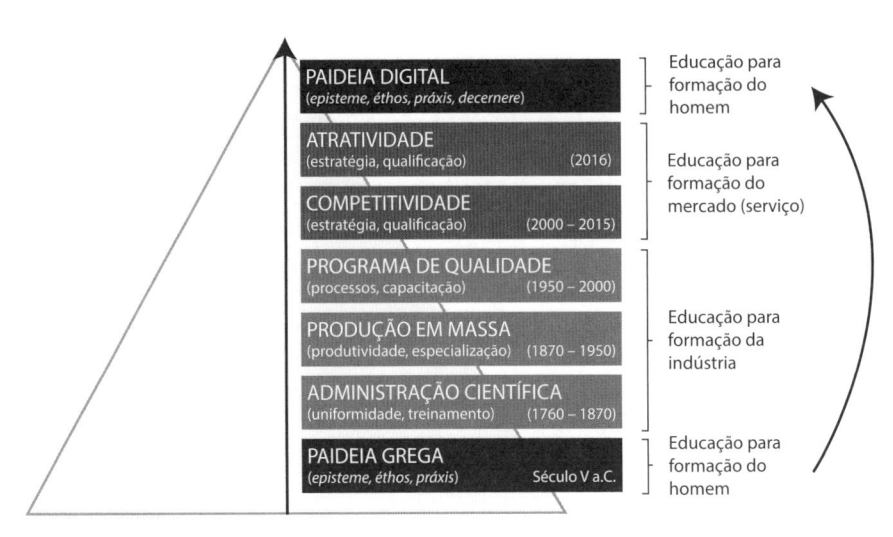

Figura 11.1 A evolução da educação.
Fonte: adaptada de Fava (2016).

o embaraço de solucionar conflitos e divergências pelo diálogo, tendo em vista o interesse coletivo, princípio imposto pelo real exercício da democracia ateniense.

O século V a.C. foi a época em que os jovens se reuniam em largos, praças e jardins a fim de discutir e refletir sobre temas como: pensamento crítico, criatividade, resgate da cultura e valorização da experiência dos mais velhos. Era o princípio do sistema acadêmico denominado *paideia*, que tinha como principal objetivo de aprendizagem a formação do homem-cidadão, por meio desenvolvimento do: (1) *episteme* (pensar, raciocinar, refletir, sintetizar); (2) *éthos* (sentir, ter empatia, conhecer e saber lidar com suas próprias emoções); e (3) *práxis* (fazer, agir, praticar, aplicar, transferir, transformar). A metodologia era ativa, pois estudavam, dialogavam, refletiam e discutiam temas ligados à realidade que estavam vivenciando. Não é muito diferente do que está ocorrendo hoje por meio da internet e das redes sociais, pelas quais os estudantes têm acesso imediato e permanente à realidade virtual no momento em que estão estudando e aprendendo. Dessa forma, é factível afirmar que, devido ao desenvolvimento da tecnologia digital, da inteligência artificial e do *big data*, bem como a consequente automação do trabalho físico, repetitivo e preditivo, estamos retornando ao objetivo primordial da Paideia grega, ou seja, a formação do homem integral, que metaforicamente nominei como Paideia digital em meu livro *Educação para o século XXI* (FAVA, 2016).

Hoje vivenciamos os mesmos dilemas do início do século V a.C., com pseudoespecialistas pregando o advento da Educação 4.0, sem ao menos conceituar o que querem dizer com isso. Tristemente nos atinamos o quanto perdemos nos quesitos qualidade, mestria e aptidão ao não olharmos para a Paideia grega, sobretudo em seu auge, quando já viabilizavam uma educação para o desenvolvimento de competências e aprendizagem efetiva. Emanava no espírito grego a vontade de evoluir, prosperar, educar, pois entendiam que, se cuidassem bem de suas futuras gerações, melhorariam a vida da coletividade e teriam um futuro equilibrado, plácido e assegurado, axioma este, hodiernamente lembrado e vociferado loroteiramente por nossos políticos em tempos de eleição. Se as atitudes e as práticas não fossem reais e efetivas, certamente o vitorioso sistema acadêmico da Paideia teria sido lançado nos ergástulos do esquecimento da memória da humanidade. A convicção é que a tecnologia digital e a inteligência artificial estão restaurando os princípios, os conceitos e os ensinamentos da Paideia grega, ou pelo menos parte do que sobrou de tal ideal.

A educação para os gregos era tratada como abelha-mestra. Educar, para eles, era algo hierático, virtuoso, faustoso, valedouro. Lamentavelmente, a convicção, o entusiasmo e o afeto foram se dissipando com o advento da Revolução Industrial, no século XVIII. A educação de rainha foi minguada à escrava do trabalho, passou a servir como ferramenta para treinamento e desenvolvimento econômico, industrial, político e tecnológico. Ao passar para essa nova plataforma industrial, a educação deixou de ter foco no indivíduo, foi amoldada para a fábrica, para treinar, instruir os trabalhadores, tornando-os mais eficientes, produtivos e disciplinados. O objetivo da Paideia de desenvolver competências é substituído por um currículo conteudista, por disciplina. O ensino passa a ser coletivo, em outras palavras, ensinar a muitos como se fosse um só, a metodologia de transmissão, com aulas palestradas e estudantes passivos e tediosamente enfileirados escutando. Foram mais de 250 anos em que a educação, seguindo o contexto de uniformidade e produtividade, tinha a função de treinar, especializar, habilitar, disciplinar e padronizar.

Com o advento da tecnologia digital, da internet e da inteligência artificial, novamente o mundo salta para uma insólita plataforma. A educação deixa de ter estruturas curriculares padronizadas, rigidamente sequenciadas, conteudistas, cujo objetivo é o *just in case*, ou seja, ensinar e disponibilizar receitas prontas para cada anomalia que o egresso se deparar, e passa a adotar o arquétipo *just in time*, no qual se aprende a buscar o conhecimento quando for preciso, ensina-se o estudante a discernir, escolher, decidir no momento em que o problema ocorrer. Isso significa voltar aos objetivos da Paideia de ensinar a pensar (*episteme*), sentir (*éthos*), agir (*práxis*), e, considerando a fartura de informações livres, improfícuas, efêmeras, instruir sobre como discernir/escolher/decidir. Trata-se da *acuidade mental*, expressão emprestada da psicologia para descrever indivíduos que pensem (inteligência cognitiva), saibam manear suas emoções, tenham empatia (inteligência emocional), atitude de agir (inteligência volitiva), habilidade de discernir/escolher, buscar a essência, decidir em meio ao caos e incertezas (inteligência *decernere*). Tais objetivos são os mesmos preceitos da Paideia grega, com o apêndice do discernimento, hoje necessário devido à abundância de dados e informações.

O atual cenário se manifesta com novas perguntas e surpreendentes soluções, como as plataformas de ensino adaptativo nas quais o estudante consegue descortinar suas deficiências durante o processo de aprendizagem. Similar a um GPS, a plataforma alerta o aprendiz assim que surgir um obstáculo ou curva perigosa, indicando onde encontrar recursos para retornar ao caminho seguro da aprendizagem e do domínio. O ensino híbrido é uma combinação bem temperada de tecnologia de comunicação e informação e do esplêndido toque humano, para coadjuvar a efetiva aprendizagem do estudante. Ao adotar e implementar o ensino híbrido, a escola precisa repensar sua estrutura e organização de sala de aula, migrar o currículo por disciplinas para o desenvolvimento de competências, adotar metodologias híbridas e uma nova gestão do tempo do estudante na instituição. Enfim, se faz mister aproveitar os benefícios da tecnologia digital para aprimorar os processos de ensino, de desenvolvimento e de aprendizagem. Pontificar o aprendiz a pensar, a sentir, a agir, a discernir, a escolher e a decidir, na verdade, uma maneira de usufruir dos conceitos e princípios da Paideia digital.

Esse novo contexto, repleto de alternativas, conexões, ampliações do potencial humano, traz profundas transmutações e, consequentemente, novas incitações, estímulos, desafios. Não é mais suficiente perguntar "qual é o futuro da educação?", pois isso sugere tão somente o incremento, a melhoria do velho, do que já existe e está obsoleto. Deve-se, sim, questionar "qual é a educação do futuro?", visto que isso preconiza a disrupção, a inovação, a busca do novo, do diferente, do contemporâneo. Deve-se buscar respostas para as questões: como deve ser a escola digital? Qual o impacto da digitalização nos processos de ensino e de aprendizagem? O que e por que ensinar? Como ensinar? Como avaliar? O que se altera na forma como os estudantes aprendem e se relacionam?

A história da educação aponta para duas épocas copiosamente distintas em objetivos e metas, denominadas de Educação 1.0 e Educação 2.0 no livro *Educação 3.0: aplicando o PDCA nas instituições de ensino* (2014). A Educação 1.0 iniciou-se na Paideia grega (século V a.C.) e terminou nas escolas eclesiásticas (século XII d.C.); o foco, nesse período, estava na formação do homem como indivíduo e como cidadão.

A Educação 2.0 emanou do advento do Iluminismo e da Revolução Industrial, no século XVIII, passando pelo início da industrialização (1760-1870), com a administração científica de Taylor, que enfatizava a uniformidade e o treinamento; a produção em massa (1870-1950), que priorizava produtividade, padronização e especialização; os programas de qualidade (1950-2000), cuja ênfase estava nos processos e na capacitação. A educação tinha como objetivo o treinamento de operários para a produção industrial, engendrando o indivíduo como uma extensão da máquina.

No final da década de 1990, Timothy John Berners-Lee, com a ajuda de Robert Calliau, publicou uma proposta formal para a *World Wide Web*. As ênfases estratégicas não estavam mais na indústria, e sim no mercado, que exigia qualificação. A partir do ano 2000, apesar de a instrução ainda ser fortemente canalizada para o mercado, a educação principiou a se evocar para a formação do indivíduo pleno e integral. Até o fim de 2016, esperava-se que o ensino superior gerasse indivíduos flexíveis, maleáveis, produtivos, técnica e pragmaticamente capacitados. A educação continuava talhada para atender à demanda do mercado, com a preocupação singular centrada na empregabilidade, ou seja, na preparação de um indivíduo que suscitasse rendimento à sociedade por meio de sua força de trabalho.

Com a ascensão da inteligência artificial na última década e a afluência da diferenciação entre homens e máquinas – somada a robotização, automação, substituição do esforço físico e repetitivo, com a inteligência artificial realocando o trabalho preditivo –, altera-se o modelo de cadeias produtivas, prestação de serviços e interações comerciais em que consumidores atuam como produtores, o que faz milhões de ocupações da economia convencional serem extintas. Termina, então, a formação para o mercado, e a educação volta seus objetivos para formação do homem. É o retorno da Paideia, agora auxiliada pelas tecnologias em forma de Paideia digital. Esses fatos levam as instituições de ensino a adotar o uso de novas metodologias, mais aderentes ao perfil dos estudantes e às tecnologias digitais.

Entretanto, para a implementação de uma educação adequada às novas exigências contemporâneas, não basta somente incrementar o velho, é necessário disponibilizar tecnologias e objetos de aprendizagem de qualidade. Faz-se mister uma metamorfose em paradigmas, arquétipos, modelos mentais, cultura, falta de vontade e perceptível resistência de professores na utilização de metodologias ativas e experimentais mais adequadas ao desenvolvimento das quatro inteligências (cognitiva, emocional, volitiva e *decernere*). Em virtude de todos esses fatos, a alternativa mais eficiente e eficaz é conceber, projetar, desenvolver e implementar um sistema de ensino para o nível superior, até porque querer implementar metodologias ativas em uma educação que continua tradicional, de transmissão, é o mesmo que planejar antecipadamente o meio de transporte para uma viagem de férias sem saber qual será o destino.

Um sistema de ensino é muito mais do que o apostilamento, trata-se da oferta de um conjunto de competências e produtos a serem desenvolvidos por meio de um roteiro subsidiado pela gestão de ferramentas tecnológicas e pela disponibilização de um vasto repertório de objetos de aprendizagem que não ferem a liberdade de cátedra do professor, mas ampliam seus recursos para a aplicação dos conteúdos, avultando a relação ensino e aprendizagem.

O ensino deverá ser baseado na aprendizagem por ação, desafios e resolução de problemas, tendo os projetos como alicerce para conectar conteúdos e o desenvolvimento das essenciais inteligências volitiva e *decernere*. Como eixos transversais, o empreendedorismo, a sustentabilidade, a programação e a colaboração devem ser sempre mediados pela utilização contumaz da tecnologia, bem como pelos fundamentos de matemática, engenharia e ciência. Seguindo a premissa da neurociência, que aponta que aprendemos melhor aquilo que tem um significado, o objetivo geral é que os estudantes se identifiquem com o tema apresentado, com as competências a serem desenvolvidas e com os produtos a serem construídos, de forma intuitiva e não linear, por meio de desafios, projetos, *games* e jogos interativos.

Os estudantes são desafiados à autonomia de pensar, fazer conjecturas, errar, elaborar perguntas, criar e buscar respostas possíveis. Essa perspectiva, mais contemporânea e empresarial, na condução dos processos não anula a necessidade de trabalhar e desenvolver as competências sociais e emocionais, afinal, elas são tidas como os grandes diferenciais a serem evidenciados nos egressos frente aos desafios de um futuro em constante e veloz mutação. As estruturas organizacionais construídas há mais de um século para o controle e a estabilidade estão ultrapassadas, advindo uma estrutura em que a velocidade e a agilidade é que irão imperar. As escolas precisam construir um futuro, e não ficar se alimentando do passado; necessitam protagonizar as transmutações, se reinventar, e não atuar em um modelo ultrapassado. Os alunos elas já têm, só precisam trabalhar para estar sempre um passo à frente, sob pena de não conseguirem perenidade.

As inovações estão presentes também na avaliação, tão desprezada, judiada e maltratada pela educação tradicional, que, na verdade, não avalia nada, apenas faz verificação e ranqueamento. As provas bimestrais deverão ser abolidas pelo método de *feedback* contínuo, que engloba aspectos cognitivos, procedimentais e comportamentais, analisando o desempenho integral dos estudantes permanentemente.

No modelo tradicional, avalia-se o ensino, e não a aprendizagem. Na verdade, trata-se de verificação em datas previstas no calendário escolar, com o objetivo de classificação e ranqueamento. No entanto, avaliação é muito mais que isso. Refere-se a um instrumento fulcral e um dos pilares mais relevantes e mais difíceis da Paideia digital. Em síntese, a avaliação fornece um atestado de que os estudantes estão aptos a ascender de nível, não somente em termos de conhecimentos, mas também em relação à capacidade de transferir e aplicar os conhecimentos assimilados em contextos e circunstâncias diferentes dos vivenciados na escola.

Na Paideia digital, a avaliação deve adotar consistentes princípios psicométricos e aferir a causa final, uma vez que competência é efeito, e não causa. Em outras palavras, não se avalia diretamente a competência, mas os conteúdos, as atividades, o desempenho, a cooperação e participação individual nos trabalhos em grupo. Uma vertente relevante da avaliação da Paideia é a ênfase em diferentes tipos de avaliação, isto é, construir e aplicar procedimentos de mensuração antes (avaliação diagnóstica), durante (avaliação formativa) e ao término (avaliação somativa) do processo de ensino, de desenvolvimento e de aprendizagem.

Avaliação diagnóstica é definida como análise do nível, natureza e montante de conhecimentos e habilidades preexistentes, ou seja, molda-se como um barômetro para medir a quantidade de informações e conhecimentos prévios assimilada pelo estudante sobre determinado tema. Como tal, auxilia o professor no planejamento das atividades e dos conteúdos a serem ensinados, bem como identifica áreas que necessitam de mais ou menos tempo a ser investido.

Avaliação formativa e somativa apresentam características e objetivos distintos. Enquanto a avaliação formativa é realizada durante os processos de ensino, de desenvolvimento e de aprendizagem, permitindo que professores e estudantes utilizem seus resultados para melhoria de todo o sistema instrucional, a avaliação somativa é empreendida ao término de uma atividade, com o objetivo de atribuir uma pontuação e certificar a proficiência do estudante. Ou seja, os efeitos da avaliação formativa e somativa se diferenciam: os resultados da primeira podem ser utilizados para aprimorar o estudante, enquanto a segunda é utilizada como retroalimentadora para o professor. Tais características demonstram porque a avaliação formativa é vista como intimamente relacionada ao *feedback* para o discente e não para o docente, todavia, existem aspectos nos quais elas se sobrepõem.

A avaliação somativa evidencia o *feedback do docente para o discente; a* avaliação formativa fornece retroalimentação *do estudante para o professor,* proporcionando subsídios para que o docente possa remodelar seu modo de instrução e indicar onde reorganizar e aperfeiçoar seu desempenho. O foco é se os estudantes desenvolveram as competências programadas, se atingiram as metas de aprendizagem e se o professor consegue extrair conclusões concretas para aprimoramento dos processos de ensino, de desenvolvimento e de aprendizagem. Além disso, os estudantes podem utilizar a avaliação formativa para ajustar, alterar e transmutar o próprio aprendizado.

Os objetivos de aprendizagem almejados somados às tecnologias educacionais disponíveis não admitem mais o professor transmissor de conteúdos. Na Paideia digital é factível somente dois tipos de docentes: os conteudistas (autores) e os mediadores, denominados *just in time teaching* (JiTT). Os professores JiTT promovem uma instrução mais ativa e personalizada, apresentam-se como mediadores, facilitadores, *coaches,* quando percebem ou são acionados pelos estudantes.

Os docentes JiTTs passam a ensinar concepções do futuro, e não conceitos do passado. Tornam-se especiais porque não têm a referência de conhecimentos técnicos do pretérito, por outro lado, não têm certeza sobre qual os parâmetros do póstero. Assim, precisam criar um renovado, inédito, disruptivo cenário e caminhar por um proscênio singular, desconhecido, inusitado, porém deslumbrante.

O professor transmissor de conteúdos, aquele que simplesmente repete, transmite, o que outro literato, historiógrafo, escritor ou docente vaticinou, augurou, auspiciou, conceituou, irá rapidamente desaparecer, pois isso os avatares, robôs movidos por inteligência artificial, saberão transmitir, ensinar, com muito mais propriedade. O próprio produtor poderá fazer a divulgação de seus conceitos por meio de livros, *e-books,* vídeos, realidade aumentada, realidade virtual, isto é, sem a necessidade de intermediários, atravessadores, papagaios repetidores.

Restará aos docentes a produção de conteúdos não preditivos, pois estes também as máquinas inteligentes produzirão. Os professores deverão ter competência, habilidade, capacidade de orientar, aplicar, replicar, empregar, executar os conceitos e conteúdos no tempo correto, no momento em que o estudante necessitar, ou seja, JiTTs, incorporando as inteligências volitivas, *decernere,* emocional e cognitiva, respectivamente nessa ordem de importância.

Isso não significa que estou menosprezando o quociente de inteligência (QI) e o quociente emocional (QE). Muito pelo contrário, estou hierarquizando apenas para enfatizar, pois, com a eclosão e frenética aceleração da inteligência artificial, o quociente volitivo e o quociente *decernere* ganharam relevância extra, uma vez que não eram tão necessários antes do advento das máquinas inteligentes. Cada vez mais a atitude de agir, aplicar, discernir, será primordial, imprescindível, imperiosa, adverso do contexto atual em que se outorga mais exaltação na predisposição preditiva e analítica (QI) e capacidade de empatia, resiliência, controle de suas próprias emoções (QE).

A conclusão de todo esse contexto futuro é o regresso da Paideia grega nos processos de ensino e de aprendizagem. É a forma mais próxima de como a educação acontece na vida real. Um fenômeno inexplicável inicia um inquérito, uma indagação, uma investigação, torna-se modelo de perseguição ao longo da vida e resulta em novos conhecimentos, análise, compreensão, síntese, aplicação, avaliação. É a aplicação do *just in time* na sua essência. É o retorno dos princípios, arquétipos, processos, práticas da Paideia grega em forma de Paideia digital.

REFERÊNCIAS

FAVA, R. *Educação 3.0*: aplicando o PDCA nas instituições de ensino. São Paulo: Saraiva, 2014.

FAVA, R. *Educação para o século XXI*: a era do indivíduo digital. São Paulo: Saraiva, 2016.

LEITURAS RECOMENDADAS

CRAWLEY, E. F. et al. *Rethinking engineering education*: the CDIO approach. 2nd ed. New York: Springer, 2014.

DEWEY, J. *Experience and education*. New York: Macmillan, 1938. (Kappa Delta Pi Lecture, 10.)

FAVA, R. *Educação 3.0*: como ensinar estudantes com culturas tão diferentes? 2. ed. Cuiabá: Carline e Caniato, 2012.

FAVA, R. *O estrategista*: decisão em administração. Cuiabá: EdUnic, 2002.

HARARI, Y. N. *Homo Deus*: a brief history of tomorrow. London: Harvill Secker, 2015.

HEYWOOD, J. *The assessment of learning in engineering education*: practice and policy. Hoboken: Willey-IEEE, 2016.

12

Desenvolvimento de competências pessoais e profissionais em vivências de sociocracia

Hugo Espínola

Mudam-se os tempos, mudam-se as vontades,
muda-se o ser, muda-se a confiança:
todo o mundo é composto de mudança,
tomando sempre novas qualidades.

Luís de Camões

O mundo contemporâneo passa por um intenso e turbulento processo de transformação, oriundo, sobretudo, da abundância de informações e convergência de parte das inter-relações para o comodismo das interações via internet. Na *era do indivíduo digital*, a sociedade reclama respostas *just in time* para o redemoinho de postagens publicadas nas redes sociais. Anomia, rapidez, criatividade e truculência são ordinariamente hipervalorizadas nas réplicas das interpolações virtuais, inobstante o predomínio da sujeição aos incautos "formadores de opinião".

Ademais, a intensificação da presença de inteligência artificial e o uso de modernas tecnologias nas empresas remontam ao que se ousou chamar de Quarta Revolução Industrial, cujos efeitos futuros ainda não são cabalmente conhecidos. Nesse contexto permeado pela complexidade de forças e relativização de valores fundamentais à harmonia social, urge refletir sobre o papel da educação na aprendizagem de competências pessoais e profissionais exigidas pelo mercado de trabalho em transformação e nos relacionamentos pessoais, face a face e virtuais.

Inicialmente, convém aduzir sobre o *poder* da educação na construção de sociedades mais justas, fraternas e éticas. A educação é ferramenta determinante para a evolução dos povos rumo aos valores democráticos e aos relacionados com os direitos humanos. No âmbito da justiça social, moral e política, baseada na igualdade de direitos e na solidariedade coletiva, inexiste avanço sem a promoção de uma educação inclusiva, humanizadora e integrativa, para *todos* e com a *atuação* de todos. Porquanto, pode-se afirmar que sem educação não há civilização nem prosperidade.

O esforço hercúleo em prol de uma educação para efetivação da cidadania e dos direitos humanos requer a participação do governo, dos educadores e do corpo discente – com o consequente reconhecimento da relevância do papel dos professores na formação de cidadãos autônomos, críticos, humanistas e esclarecidos.

Como é cediço, o vocábulo educação tem em sua raiz etimológica as dimensões *ducere* e *educere*. Da primeira, temos o conceito de educação relacionado a conduzir, guiar. Nesse sentido, educar é receber e conduzir para um quadro social que está posto, para conservação da moral social. Por seu turno, *educere* é centrífugo, colocando-se para fora, para o exterior. Aqui, educar é instruir, esclarecer, eduzir, receber e dar a palavra para saber sobre as coisas, mostrando as diferenças presentes no mundo.

É a educação que traz respostas sobre o que foi transmitido ao educando, proporcionando transformações e mudanças no *status quo*. As duas dimensões da educação, *ducere* e *educere*, são igualmente importantes e precisam mostrar-se bem-equilibradas, pois esse aprumo permite proporcionar autonomia, senso crítico e discernimento ao discente. Ao mesmo tempo, mostra-lhe o que se espera dele como cidadão, ou seja, esclarece-o dos seus deveres e do respeito às leis e aos valores sociais.

O objetivo, aqui, é mostrar experiências com sociocracia em sala de aula, a fim de esclarecer sobre a aplicação de estratégias e metodologias pedagógicas inovadoras na promoção do desenvolvimento de competências pessoais e profissionais nos discentes, contribuindo para efetivar o equilíbrio das dimensões *ducere* e *educere* da educação em um mundo em ebulição e transformação.

Dos modelos de ensino e de aprendizagem existentes, a educação baseada em competências parece ser o mais eficaz em promover as virtudes necessárias e em suscitar no educando *integridade* e *integração*. Virtudes para bem conduzi-lo, tanto no âmbito pessoal quanto no profissional; integridade para fazer o certo, no momento certo; e integração para nortear seu crescimento junto aos demais estudantes, em uma espécie de interdependência sadia. O discente aprende melhor quando trabalha em grupo mantendo sua individualidade intacta e aprendendo a respeitar a dos outros.

No que lhe concerne, a metodologia ativa de aprendizagem proporciona ao discente a prática do conteúdo estudado por meio de atividades ou desafios nos quais é preciso propor soluções para dilemas inerentes à profissão, reais ou simulados. Por meio desse paradigma, o estudante aprende a analisar situações-problema por diversos ângulos e aplicar o conhecimento necessário para criar propostas de solução.

As habilidades pessoais e profissionais dos acadêmicos são aperfeiçoadas ao se colocar em prática os conteúdos da matriz curricular, estudados previamente, em tarefas similares às que serão enfrentadas depois de graduados. Além disso, para tornar possível a compreensão e a valoração de cenários sociais, faz-se necessário o domínio de habilidades complexas e propícias a permitir a intervenção e a transformação desses contextos com criticidade e responsabilidade, visando ao aperfeiçoamento e à evolução grupal rumo à realização de princípios e valores mais elevados. Porquanto, analisando-se o exercício profissional em contextos reais, percebe-se a necessidade de dominar habilidades que não são objeto de estudo metódico nas disciplinas curriculares dos cursos de graduação (ARNAU; ZABALA, 2010).

Nesse norte, a UniAmérica oferece aos discentes um curso de desenvolvimento de competências necessárias para a vida profissional e pessoal do egresso: o curso de competências pessoais e profissionais (CPP). A partir dos conhecimentos do conteúdo *conceitual* (saber), constrói-se nos processos de ensino e aprendizagem o *procedimental* (saber fazer) e o *atitudinal* (ser), responsáveis por florescer habilidades e competências almejadas para resolver tarefas e atuar frente a situações desafiadoras e a quadros de desordem. Conseguir atuar com serenidade em conjunturas difíceis e caóticas, encarando-as como oportunidade de aprendizado e tomando as melhores escolhas, é qualidade relevante do líder eficaz; formar líderes adaptados à realidade do século XXI está entre os objetivos do CPP.

O CPP está em constante evolução na sua ementa e conteúdo, à medida que a sociedade exige novas habilidades para viver e trabalhar. Na dimensão pessoal, pretende-se ser competente para exercer, de modo responsável e crítico, a autonomia, a cooperação, a criatividade e a liberdade por meio do conhecimento e da compreensão de si mesmo, da sociedade e da natureza em que vive (ARNAU; ZABALA, 2010). Por sua vez, na dimensão profissional tenciona-se ser competente para exercer a tarefa adequada às suas capacidades, a partir de conhecimentos e habilidades específicas da profissão, de modo responsável e flexível, permitindo satisfazer motivações e expectativas (ARNAU; ZABALA, 2010).

O CPP é ofertado em forma de unidades curriculares; uma em cada semestre. Atualmente, são oferecidas as seguintes áreas no CPP: desenvolvimento humano; educação financeira; empreendedorismo e inovação; estudos afro-brasileiros e relações étnicos-raciais; ética, direitos humanos e valores universais; desenvolvimento de habilidades socioemocionais; introdução à gestão; introdução à informática; liderança no século XXI; mídias digitais; pensamento crítico; produção e interpretação de textos; produtividade pessoal; projeto de vida; raciocínio lógico; redação de artigos científicos; gestão socioambiental; solução de conflitos e técnicas de estudo (aprender a aprender).

O CPP é fundamentado no modelo de educação baseada em competências e na metodologia ativa de ensino e aprendizagem, nomeadamente a aplicação da aprendizagem baseada em problemas. A fórmula de sucesso do CPP está justamente na aplicação do trinômio: educação baseada em competências – aprendizagem ativa – desenvolvimento de habilidades.

A execução desse trinômio no domínio do CPP permite aos acadêmicos o aperfeiçoamento dos gêneros de inteligências, que o professor Rui Fava (2016, p. 89) denomina como as *inteligências necessárias para o século XXI*:

- **Inteligência cognitiva:** pensar, refletir, raciocinar, sintetizar.
- **Inteligência emocional:** empatia, atitude, domínio emocional.
- **Inteligência volitiva:** atitude, agir, fazer, praticar, realizar, transformar-se, adotar, adaptar-se.
- **Inteligência *decernere*:** habilidade de discernir, buscar a essência, distinguir o que é importante e útil daquilo que é descartável, escolher, decidir, solucionar em meio ao caos, obscuridade, incertezas.

No CPP, as habilidades cognitivas ler, compreender e recordar são praticadas principalmente antes das aulas, por meio de estudo independente, no qual o aluno realiza a leitura de textos, notícias e artigos; assiste a vídeos; escuta *podcasts*; recorda expressões; entende novos termos; estabelece conceitos; e percebe a aplicabilidade prática dos conceitos técnico-teóricos por meio de exemplos contidos em seu material didático. Em sala de aula, amplia suas habilidades cognitivas ao expor e construir conceitos; discutir opiniões; analisar artefatos e panoramas; criar projetos; resolver problemas, etc., trabalhando ordinariamente em equipes. O funcionamento dos processos de ensino e de aprendizagem ocorre, portanto, nos moldes da sala de aula invertida.

O *mutatis mutandis* trata-se do retorno ao paradigma de educação praticado pelos antigos gregos, no qual os estudantes eram confiados a um modelo de educação que buscava atender a todos os aspectos da vida do homem (FAVA, 2016).

Como docente de CPP, objetivando dinamizar o trinômio educação baseada em competências – aprendizagem ativa – desenvolvimento de habilidades, iniciei, no segundo semestre letivo de 2017, o emprego da *sociocracia* em atividades realizadas em sala de aula, como ferramenta de aprendizagem baseada em problemas.

A sociocracia é o modelo de governança dinâmica, cujo regime político está fundamentado em liderança distribuída, autorregulação e auto-organização e metodologia alicerçada nos princípios, práticas e valores de autonomia, consentimento, transparência e equivalência de todos os envolvidos em seus círculos de participações com elos duplos, desenhados para proporcionar eficácia e criatividade na resolução de questões e estimular harmonia, espírito de equipe, inteligência coletiva, colaboração e empoderamento dos seus membros.

Comecei a empregar a sociocracia em alguns desafios práticos e problemas reais trabalhados em sala com o desígnio de fomentar a *cooperação* e transferir ao discente o *protagonismo* da aprendizagem e a *responsabilização* por decisões tomadas em escolhas a serem deliberadas. Pretendi, ainda, formar lideranças com as seguintes características:

- **Antidispersividade**: desenvolver maturidade; agir com autocompetência, autodesempenho criativo e auto-organização técnica; atuar com a força do caráter nas decisões.
- **Cidadania**: servir-se dos desafios propostos para criar produtos em benefício da promoção de direitos e dos deveres na vida humana; qualificação pela solução pacífica de conflitos.
- **Ética**: fazer uso da liderança lúcida nas atividades; mover-se por código de conduta ética nos trabalhos.
- **Contemporaneidade**: empregar as possibilidades tecnológicas existentes na busca por soluções para questões e problemas.
- **Mobilização**: liderar para qualificar novos líderes.
- **Produtividade**: realizar feitos pessoais para contribuir com a melhoria do planeta.

A sociocracia foi utilizada como metodologia ativa para gestão de equipe por governança dinâmica. O objetivo foi desenvolver organizações efetivas, resilientes e ágeis por meio de engajamento, autonomia e colaboração de todos os envolvidos nos projetos propostos, cujas experiências eram posteriormente relatadas em forma de portfólios.

Os princípios desenvolvidos nos projetos envolviam o autogoverno, a autorregulação e a auto-organização dos grupos, reunidos em forma de círculos, estrutura orgânica de trabalho e com distribuição de poder para responder às diferentes responsabilidades.

Além disso, nos círculos, havia equivalência entre os participantes. Todos deveriam apresentar sua opinião/contribuição para as decisões a serem tomadas, inexistindo hierarquia entre os estudantes. Nas rodadas de discussão, *todos* deveriam opinar, sem exceção. A tomada de decisões dava-se por consentimento, com exposição de objeção, quando existente. As objeções poderiam ser levadas em consideração na reformulação da proposta inicial. A proposta apresentada/reformulada deveria ser rejeitada apenas se a objeção colocasse em risco ou afrontasse algum dos princípios do grupo. Havia transparência nas decisões.

Os desafios eram propostos, exigindo-se soluções para as situações-problema ou entrega de produtos para todos os grupos. Contudo, a maneira *como fazer* para se chegar à solução e à *divisão das tarefas* era decidida *internamente* nos círculos, sem qualquer interferência externa.

Em determinadas simulações, sobretudo quando envolvia a participação de toda a turma funcionando como se fosse uma única empresa, os círculos de distribuição de poder eram divididos em: a) um círculo de gestão, formado por dois representantes de cada uma das equipes das turmas; e b) vários círculos de execução, nos quais as diversas equipes realizavam as pequenas tarefas necessárias para o desenvolvimento do produto solicitado nos desafios. As decisões que diziam respeito a toda a "empresa" eram tomadas no círculo de gestão. Já as decisões cujas consequências do resultado ficariam restritas apenas à equipe, como a eleição dos seus representantes ou a divisão das tarefas dentro do grupo, eram realizadas nos círculos de execução.

Percebi que a metodologia sociocrática de trabalho grupal proporcionou o incremento das seguintes competências aos estudantes do CPP: mestria para realizar tarefas em grupo; desenvolvimento do espírito de equipe; crescimento da liderança individual (autoliderança) e grupal (heteroliderança); perícia para elaboração de projetos colaborativos; e, principalmente, aptidão para transformar tensões em oportunidades enriquecedoras.

A governança dinâmica em sociocracia oportunizou, nas simulações e na elaboração dos produtos solicitados, ainda:

1. a criação de espaços criativos, com resultados diferentes dos inicialmente imaginados;
2. a facilitação da prática da inteligência coletiva, incentivando a integração social e o senso de comunidade;
3. o enriquecimento da eficácia na resolução de questões e nas decisões;
4. a promoção da elaboração de soluções do tipo ganha-ganha e escolha do melhor para o grupo;
5. a utilização da diversidade de personalidades, habilidades e motivações dos componentes na criatividade do grupo;
6. a adaptação aos valores e objetivos do grupo, gerando coesão e ganho de *performance* nos membros;
7. a escolha dos valores indispensáveis ao grupo.

Nessas experiências de utilização dos princípios e métodos de governança dinâmica sociocrática no CPP, percebeu-se que, ao colocar em prática o conteúdo didático estudado de modo independente em tarefas semelhantes àquelas desempenhadas no ambiente profissional, além das habilidades cognitivas, muitos acadêmicos conseguiram progredir igualmente em suas habilidades socioemocionais, entre as quais destaca-se a motivação, a autoconfiança, a melhora da autoestima, a empatia e a compreensão da situação em que se encontra o outro, e, consequentemente, a capacidade de entendimento e controle das próprias emoções, permitindo aos estudantes atuar e tomar decisões mais eficazes em contextos efervescentes.

Assim, a sociocracia em sala de aula destacou-se como um modelo de governança dinâmica que funcionou como metodologia ativa ideal para se trabalhar com aprendizagem baseada em problemas, mostrando-se eficaz para o desenvolvimento de competências pessoais e profissionais, cognitivas e socioemocionais nos discentes.

A vivência sociocrática ratificou a educação como um instrumento de manutenção dos melhores valores sociais e de transformação da realidade por meio do acréscimo de autonomia, senso crítico e discernimento nos discentes. Mostrou, ainda, a possibilidade de se fazer uso da educação para formar líderes qualificados para enfrentar situações complexas e difíceis.

REFERÊNCIAS

ARNAU, L.; ZABALA, A. *Como aprender e ensinar competências*. Porto Alegre: Artmed, 2010.

FAVA, R. *Educação para o século XXI*: a era do indivíduo digital. São Paulo: Saraiva, 2016.